통합세대용

복음 하브루타 1

꿈지락

추천의 글 1

복음 하브루타는 신앙의 기초를 세우는데 유용한 성경 공과입니다. 신앙의 기초를 잘 다지도록 구성된 교재입니다.

복음 하브루타 공과는 오랫동안 연구하고 임상을 통하여 정리한 것으로 교회학교나 가정에서 사용하기에 적합한 교재입니다. 복음의 핵심 내용을 중심으로 신앙의 기초가 부족한 사람에게 유익하며 신앙성장을 위해 잘 구성된 교재입니다.

특히 신앙 개념을 잘 정리하면서 본문 속으로 들어가는 구성 방식은 목사님의 통찰력이 돋보이는 부분으로 성경 하브루타가 활발하게 적용되어 있는 이 교재만의 포인트라 봅니다.

많은 학생과 자녀가 이 교재를 통하여 변화가 일어나 주님의 제자의 삶을 살아 열매가 맺힐 줄 믿으면서 이 교재를 추천합니다.

- 전 서울장신대 교수. 예즈덤성경교육연구소장 이대희 목사 -

추천의 글 2

교회 사모로서, 다음 세대를 교육하는 해브센터의 센터장으로서 항상 고민하는 것이 '어떻게 하면 기독교 세계관을 잘 가르칠 수 있을까'였습니다. 고전 읽기, 묵상 수업, 기독교 교리 수업, 젭스. 말씀 하브루타 등등에 열심을 내었지만 무언가 부족함이 느꼈습니다. 그런 때에 '복음 하브루타'를 만났습니다. 복음 하브루타는 기독교 세계관의 기본 개념을 명확히 담고 있습니다.

누군가에게는 쉽게 느껴질 수도 있고 누군가에게는 놀라움으로 다가올 것입니다. 특히 성경의 개념들을 어렴풋이 알고 있었다면 새로운 깨달음으로 다가올 것입니다. 복음 하브루타는 다음 세대뿐만 아니라 모든 성도를 위한 기본 성경 공부 책이라 해도 과언이 아닐 것입니다. 이 시대의 믿는 자들이 복음 하브루타를 통해 하나님을 알아가고, 사랑하고, 동행하는 삶의 기초를 세우길 바랍니다.

- 청라21세기교회 최유식 사모 -

추천의 글 3

　이 책은 오랫동안 목사님이 교회 성도들과 씨름하면서 발간된 책이기에 더 의미가 있습니다. 저 또한 하브루타 강사로서 어떻게 하면 성경으로 성도들과 더 많은 이야기를 나눌 수 있을까 고민해 보았지만 결국 복음이 먼저임을 깨닫게 되었습니다. 복음이 깨달아지지 않으면 아무리 다양한 본문을 가지고 많은 질문과 이야기를 나눠도 재미와 윤리적 교훈으로 그칠 때가 많았습니다.

　복음이 성경 하브루타의 기초가 되어야 하는데, 복음 하브루타 책이 발간되어 그야말로 간지러웠던 등을 긁어주는 듯한 시원함을 느끼게 됩니다. 이 책은 하브루타로 성경 공부하려는 교회에 매우 유익한 책이 되리라 확신합니다. 또한 새 가족 교육도 새 신자와 더불어 많은 삶을 나눌 수 있을 뿐 더러 교회의 기초생활까지 공부할 수 있게 되니 더 영적으로 세워지고 견고해 지리라 봅니다.

　이 책을 활용하는 모든 교회가 예수 그리스도의 확실한 복음을 기초로 질문하고 토론하며 하나님의 뜻을 발견케 됨으로써 이 땅에 하나님의 뜻을 이루며 하나님 나라가 더 확장되길 소망합니다.

-서원교회 기광찬 목사 -

프롤로그

처음 하브루타를 시작했을 때, 학생들이 거의 입을 열지 않았습니다. 말로 교육하는 일이 그렇게 어려울 줄 미처 몰랐습니다. 여러 시행착오를 겪은 끝에 적극적으로 참여하게 되었지만, 오랜 시간 말씀으로 토론했지만 믿음이 자라지 않은 사실을 알게 되었습니다. 그리스도가 마음에 없는 사람에게는 아무리 토론이 재미있어도 아브라함, 다윗의 이야기가 책 속의 먼 나라 이야기에 불과했습니다.

여러 시도 끝에 토론에서 신앙으로 이끄는 중요 포인트가 있다는 것을 알게 되었습니다. 예수 그리스도를 처음부터 다시 가르치고 나눴지만, 생각만큼 믿음이 자라지 않았습니다. 또다시 고민에 빠졌습니다. 자세히 들여다보니 학생들은 하나님에 관한 관심이 없고 단지 어른이 하라고 하니 하는 것뿐이었습니다.

무엇을 어떻게 해야 할지, 안개 속에 갇힌 기분이었습니다. 학생을 만나고 기도하는 과정 끝에 성경을 직접 묵상하고 공부하기 전에 복음을 체계적으로 가르치고, 주요 단어에 대한 성경적 개념을 바로 세워야 한다는 결론 내렸습니다.

복음을 이해 못 하니 성경은 보물찾기처럼 어려울 수밖에 없었습니다. 학생도 성인도 상태는 같았습니다. 그런 상황에서 성경을 제대로 이해할 것이란 기대 자체가 잘못이었습니다.

[복음 하브루타] 공과를 만들고, 주요 단어에 대한 성경적 개념을 가르치기 시작되었습니다. 무엇보다 공부의 목표가 이해보다 하나님과 관계 중심으로 바뀌면서 성도들은 달라지기 시작했습니다.

꿈지락의 하브루타는 십 년 동안 많은 시행착오를 겪으며 성장하고 있습니다. 이제 소망이 보입니다. 장마철에 땅이 물러지듯 약해지고 무너지는 성도들의 신앙을 보며, 이 책이 믿음을 세우는 데 도움이 되길 기도합니다.

이익열 목사

"하브루타는
성경 본문을 두고 공동체 안에서
다양한 형태의 짝을 이루어
질문, 대화, 토론, 논쟁하는 실천적 배움으로
[하나님의 교육 원안]이다"

하나님은 계명을 주시고 배우고 익히는 방법 또한 주셨다(신명기 6장).
마음과 뜻과 힘을 다해 하나님을 사랑하는 사람이 되기 위해 부모에게
자녀와 함께 강론하는 것이다.
하브루타는 "짝" 또는 "우정"이란 뜻으로 신6:7의 강론(講익힐강. 論말
할논)의 실천으로 말씀이 익혀지고 새겨지도록 서로 생각과 경험을 나
누며 배우는 '하나님의 교육 원안'이다.

CONTENTS

이 책으로 공부하는 방법

1. 성경을 공부하는 목표는 말씀을 이해하고 깨닫기 위함이 아닙니다. 성경을 이해하고 깨닫는 것 또한 과정에 불과합니다. 성경을 공부하는 이유는 마음을 다해, 뜻을 다해, 힘을 다해 하나님을 사랑하는 것입니다. 그러기에 많이 아는 것보다 더 중요한 것은 한 구절이라도 제대로 알고 믿음으로 순종하는 것입니다.

2. 새로운 지식을 가르치면 변화될 수 있다고 생각하는 것은 그리스 철학에 기반을 둔 교육입니다. 인간은 새로운 지식을 얻는다고 그 본성이 변하지 않습니다. 성경에서 말하는 교육은 살아계신 말씀 앞에 서게 함으로써 하나님을 만나 변화를 얻게 하는 것입니다. 인간의 영혼은 하나님을 만날 때 변합니다. 나도 모르게 지식을 추구하는 그리스 철학 방식으로 성경을 공부하지 않도록 주의해야 합니다.

3. 성경은 성령께서 우리의 눈을 열어 주셔야(계시) 비로소 그 참 의미를 깨달을 수 있습니다. 가르치는 사람도 배우는 사람도 철저히 기도하며 겸손히 하나님을 의지해야 합니다.

4. 진도보다 내용을 이해할 수 있도록 충분히 이야기를 나눌 것을 권합니다. 또 내용을 어떻게 이해하였는지 다양한 방법으로 피드백 받은 후 다음 단계로 넘어가야 합니다. 또 각 과목 마지막에는 반드시 각자 자기 언어로 요약하는 것이 중요합니다.

5. 특히 중요한 것은 공부한 말씀을 기준으로 자기 모습을 비춰 보고 기도하는 것입니다.

1. 암송 말씀

먼저 제시된 성경 구절에서 명확히 뜻을 설명할 수 없는 단어가 있는지 살펴봅니다. 자기가 생각하는 단어의 뜻을 먼저 이야기한 후 사전을 찾아야 합니다. 특히 한자어의 경우 글자마다 그 뜻을 확인하고 자기만의 방법으로 정의해 보도록 합니다.
(예:가축-家집가, 畜짐승축 = 집에서 기르는 짐승).
현대어 성경 버전은 내용 이해를 위해 참고하시고 개역 개정 버전을 암기하길 권합니다.

2. 하브루타 강단 1,2

함께 읽고 난 후 내용의 요점이 무엇인지, 새롭게 알게 된 내용이 있는지, 알고 있었지만 새롭게 다가온 내용이 있는지, 아직 이해가 안 된 부분은 없는지 등에 대해 이야기를 나눕니다. 필요에 따라 전체를 한 번에 읽지 않고 2~3번 나눠서 읽고 피드백하는 것도 좋습니다.

3. 하브루타 활동

제시된 활동에 대해 하브루타 강단의 설명을 살펴보고 발표합니다. 자신이 말하려는 답이 앞서 발표한 사람과 같아도 반드시 자기표현으로 설명하는 것이 중요합니다. 때론 두 사람씩 짝이 되어 의견을 교환한 후 전체 앞에 발표하는 것도 효과적입니다.

4. 요약하고 기도하기

[말씀 다시 보기]에 제시된 단어(문장)는 성경적 개념을 이해하는 것이 중요합니다. [짝과 함께 요약하기] 는 제시된 문장을 완성 후 발표합니다.

[작은 기도 부흥회]에 회개에 관해 제시된 질문에 따라 솔직한 자기 모습을 나누고, 간구할 내용은 그 중요성을 각자 이야기해 본 후 기도합니다. [나의 결단]은 각오와 다짐보다 말이나 행동으로 확인 가능한 한 가지만 정하도록 합니다.
기도는 스마트폰 등을 활용해 찬양(예:유튜브)과 서로 손을 맞잡고 작은 부흥회라는 마음으로 소리 내어 간절히 기도합니다.

오리엔테이션

> ## Ⅰ.자기소개
> 자신의 장점과 더불어 친구들에게 자기를 소개하세요.

> * 이 책으로 공부할 때 함께 지키는 **하브루타 규칙**
>
> * 매번 성경 공부 전에 반드시 함께 소리 내어 읽고 시작합니다.
>
> 1. ______________________________
>
> 2. ______________________________
>
> 3. ______________________________
>
> 4. ______________________________
>
> 5. ______________________________

규칙을 정하는 방법

1단계; 각자 2~3가지 규칙을 제안한다.

2단계; 자신이 제안한 규칙이 필요한 이유를 아래와 같이 설명한다.

 - 규칙을 지켰을 때 나에게 미치는 영향, 친구에게 미치는 영향은?

 - 규칙이 지켜지지 않을 때 나에게 미치는 영향, 친구에게 미치는 영향은?

3단계; 자기 제안을 제외한 친구의 규칙 중에서 꼭 필요하다고
　　　　생각하는 규칙 2가지에 별표 한다.

4단계; 별표를 가장 많이 받은 규칙 3~5개 선택한다.

1과

기독교 세계관

진도 보다 내용을 이해할 수 있도록 충분히 이야기 나누세요.

골로새서 2장 8절

[개역 개정]

8 누가 철학과 헛된 속임수로 너희를 사로잡을까 주의하라
이것은 사람의 전통과 세상의 초등학문을 따름이요
그리스도를 따름이 아니니라

[현대어 성경]

8 헛된 철학에 속아 여러분의 신앙과 기쁨을
빼앗기지 않도록 조심하십시오.
그러한 철학은 그리스도의 말씀에 근거한 것이 아니라
인간의 생각이나 사상에서 나온 잘못되고
천박한 기초 위에 세워진 것입니다.

시작하면서

탁구를 좋아해도 기본기를 배우지 않으면 동네 탁구를 벗어나기 힘들다. 신앙도 기본기가 없으면 열정이 있어도 성장하지 않고 늘 쳇바퀴처럼 제자리이기 쉽다. 그러다 시간이 지나면 시들해져 세상으로 가거나 겨우 명맥만 유지하게 된다.

교회에 나온 이유는 다양하다. 모태신앙, 어렸을 때 부모가 기독교인이 된 경우, 어려운 일이 생긴 경우, 친구 따라 온 경우 등 다양하다. 어떤 경우든 신앙은 기본기를 배우지 않으면 하나님의 은혜를 온전히 누리기 어렵다.

그런 의미에서 볼 때 이 교재로 공부를 시작하는 당신은 성장과 축복의 기회를 얻은 것이다. 기본기를 갖추고 견고한 믿음으로 성장하길 소망한다.

※ 단어의 정확한 뜻을 확인하고 천천히 읽으세요 ※

🗨 하나님을 볼 수 있는 안경

피라미드의 내부를 관람한 적이 있다. [1]통로가 좁고 조명이 어두웠다. 이집트가 후진국이라 그런가보다 싶었다. 한참 들어가다 푹 꺼진 바닥을 보지 못해 휘청 넘어질 뻔했다. 선글라스가 벗겨지고서야 조명이 밝다는 사실을 알았다.

인간은 모두 자신만의 [2]세계관 안경을 쓰고 산다. 세계관(世界觀)은 배부른 자의 철학이 아니다. 세계관은 말 그대로 시간(世)과 공간(界) 속에 일어나는 사건을 [3]인식하는 [4]관점이다. 세계관이 바뀌지 않으면 인생은 변하지 않는다.

필리핀은 수백 년을 식민지로 살았다. 아무리 열심히 일

---

1) 통로(通 통할 통, 路 길 로)-통하여 다니는 길
2) 세계관(世 때(시간) 세, 界 지경(공간) 계, 觀 볼 관)-연적 세계 및 인간 세계를 이루는 인생의
   의의나 가치에 관한 통일적인 견해 [직역하면 시간과 공간에서 일어난 일을 보는 관점]
3) 인식(認 알 인, 識 알 식)-사물을 분별하고 판단하여 앎
4) 관점(觀볼 관, 點 점 점)-사물, 현상을 관찰할 때, 보고 생각하는 태도나 방향 또는 처지

해도 모두 뺏길 뿐이었다. 그들은 내일보다 먹을 수 있을 때 먹고 놀 수 있을 때 놀아야 했다. 나라가 5)독립했지만, 그들은 여전히 식민지 때처럼 산다.

먹을 쌀과 전기가 없는 가난한 산속 마을에도 노래방 기계가 있다. 돈이 생기면 내일 먹을, 쌀을 사야 할 것 같은데 노래방 배터리를 충전하러 도시로 간다. 그들은 흥이 있고 음악을 좋아하지만, 6)의식 밑바닥에 식민 세계관이 있다. 세계관이 바뀌어야 인생이 변한다.

신앙을 가볍게 여기고 교회를 떠나는 사람이 점점 늘고 있다. 7)언론에 비치는 교회의 8)비리, 말뿐인 신앙, 자기밖에 모르고 욕심 많은 모습도 9)원인이겠지만 더 10)근본적인 이유는 하나님을 모르기 때문이다.

다이아몬드 11)원석을 가지고 놀던 아프리카 아이들에게 어느 백인이 담배로 원석을 바꿔갔다는 이야기가 있다. 어처구니없어 보이지만 원석을 몰라봤기 때문이다. 신앙도 하나님을 모르면 쉽게 세상 유혹에 넘어지기 쉽다.

하나님을 알기 위해서는 우리의 진심만으로는 부족하다.

---

5) 독립(獨 홀로 독. 立 설 립)-다른 것에 예속하거나 의존하지 아니하는 상태로 됨
6) 의식(意 뜻 의, 識 알 식)-1. 깨어 있는 상태에서 자기 자신이나 사물에 대하여 인식하는 작용
　　2. 사회적 · 역사적으로 형성되는 사물이나 일에 대한 개인적 · 집단적 감정이나 견해나 사상
7) 언론(言 말씀 언, 論 말할 론)-1. 개인이 말이나 글로 자기의 생각을 발표하는 일
　　2. 매체를 통하여 어떤 사실을 밝혀 알리거나 어떤 문제에 대하여 여론을 형성하는 활동
8) 비리(非 아닐 비, 理 다스릴 리)-올바른 이치나 도리에서 어그러짐
9) 원인(原 근원 원, 因 인할 인)-사물이나 상태를 변화시키거나 일으키게 하는 근본이 된 일, 사건
10) 근본(根 뿌리 근 本 밑 본)-사물의 본질이나 본바탕
11) 원석(原 근원 원, 石 돌 석)-가공하지 아니한 보석

하나님은 인간이 노력한다고 만날 수 있는 분이 아니다. 본질적으로 인간과 차원이 다른 분이다. 하나님을 전심으로 찾으면 만날 수 있다고 말씀하는(렘29:13) 것에는 하나님이 먼저 우리를 만나기로 결단하셨다는 전제가 있다.

개미는 시력이 거의 없어 페로몬 냄새를 따라 이동한다. 개미가 사람 전체를 보기는 불가능하다. 만약 개미의 시력이 20cm라고 가정해 보자. 개미는 성인의 무릎 높이도 볼 수 없다. 전신을 보겠다고 멀어져도 20cm를 벗어나면 아무것도 볼 수 없다. 개미의 능력으로 사람의 [12]전신을 보기는 불가능하다.

우리집 강아지는 똑똑하지만 내가 아내에게 남편이고 아이들에게는 아버지면서 동시에 교회에서 목사라는 것은 알 수 없다. 차원이 다른 존재이기 때문이다. 강아지는 다가와서 보여 준 만큼 사람을 알 수 있다. 간식을 주면, [13]서열 높은 좋은 존재로, 혼을 내면 무서운 존재로 인식한다.

성경은 하나님을 보게 하는 안경이다. 그러나 인간의 능력만으로는 성경을 제대로 볼 수 없다. 성령께서 눈을 열어 줄 때 비로소 인간은 [14]한계를 넘어 성경을 통해 하나님을 알고 경험하게 된다. 지식과 이해를 넘어 하나님을 알고 인격적 관계를 맺게 한다.

세계관은 광범위하고 [15]무의식까지 뻗쳐 있어 누구나 자

---

12) 전신(全 온전할 전, 身 몸 신)-몸 전체.
13) 서열(序 차례 서, 列 벌일 일)-일정한 기준에 따라 순서대로 늘어섬. 또는 그 순서.
14) 한계(限 한할 한, 界 지경 계)-사물이나 능력, 책임 따위가 실제 작용할 수 있는 범위. 또는 그런 범위를 나타내는 선.

신의 세계관의 16)실체를 명확히 17)인식하기 어렵다. 하지만 하나님을 알아갈수록 말씀은 우리의 세계관이 되고 인생은 변하게 된다. 하나님을 알수록 하늘의 복을 누리게 된다.

하브루타 활동 1 - 내용 이해 피드백

◆ 강단 I 글을 읽은 후 감정을 색으로 표현하고 설명하세요.

◆ 2~3개 질문을 선택하고 자기 의견을 발표하세요.
 1. 처음 알게 된 내용이 있나요?
 2. 알고 있었지만 새롭게 다가온 내용이 있나요?
 3. 중요한 핵심은 무엇이라 생각하나요?
 4. 이해가 부족한 내용이 있나요?

---

15) 무의식(無 없을 무, 意 뜻 의, 識 알 식)-자신의 언동, 상태를 스스로 깨닫지 못하는 일체의 작용.
16) 실체(實 열매(씨, 종자) 실, 體 몸 체)-1. 명사 실제의 물체. 또는 외형에 대한 실상
17) 인식(認 알 인, 識 알 식)- 사물을 분별하고 판단하여 앎.

◆ 내가 하나님에 대해 잘 모르는 이유는 무엇이라 생각하나요?
아래에서 선택하고 부연 설명해 보세요. (복수 선택 가능)

☐ 하나님의 필요를 느낀 적이 없어서
☐ 성경 속 이야기라고만 생각해서
☐ 실생활에 중요하다는 생각을 못 해서
☐ 하나님과 거리가 먼 나의 환경 때문에
☐ 신앙에 대한 교육이나 정보가 부족해서
☐ 과학적이고, 이성적이지 않다고 생각해서
☐ 신에 관한 경험이 없어서
☐ 종교 갈등이나 오해를 많이 접해서
☐ 잘못된 미디어 정보나 편향된 보도로 인해
☐ 주변 시선이 부담되어서
☐ 하나님은 신비롭고 이해하기 어려운 존재로 알았다.
☐ 기타

◆ 하나님을 제대로 알게 되면 나에게 어떤 변화가 올까요?

*나 자신의 변화?

*가족과의 관계에서 변화?

*사회(학교)에서 변화는?

*기타

기독교 세계관

※ 단어의 정확한 뜻을 확인하고 천천히 읽으세요 ※

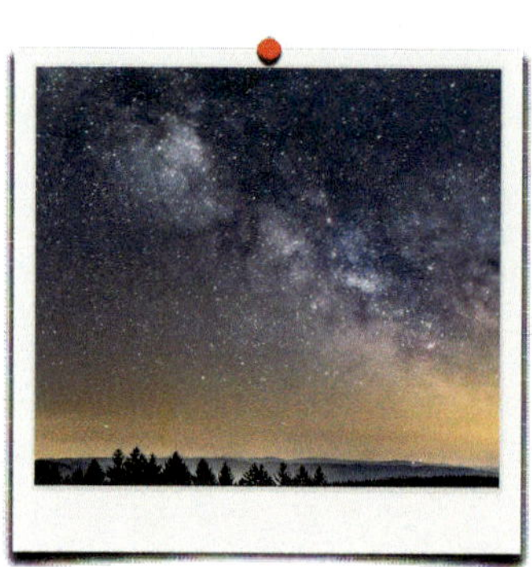

기독교 세계관

'18)우연'은 과학자들이 싫어하는 말이다. 아이러니하게도 19)진화론에서 생명의 기원은 '우연'이다. 진화론은 밝혀진 사실과 아직 20)증명하지 못한 21)주장이 혼합되어 있다. 또 발표된 사실이 바뀐 일도 있다. 성경은 '하나님의 창조'를 이야기하지만, 그 구체적 과정이 기록되지는 않았다.

두 주장 모두 나름의 22)근거가 있지만, 명확히 증명할 방법이 없다. 논문이 많다는 이유로 진화론만 과학으로 생각하지만, 엄밀히 말하면 둘 다 믿음의 문제이다. 인간을 진화된 원숭이로 볼 것인지, 하나님이 창조한 23)존귀한 존재로

---

18) 우연(偶 짝(뜻하지 않게) 우, 然 불탈 연)-아무런 인과 관계가 없이 뜻하지 아니하게 일어난 일.
19) 진화론(進 나아갈 진, 化 될 화, 論 논할 논)-생물은 진화하는 것이라는 주장
20) 증명(證 증거할 증, 明 밝을 명)-어떤 사항이나 판단 따위에 대하여 그것이 진실인지 아닌지 증거를 들어서 밝힘.
21) 주장(主주인 주, 張베풀 장)-자기의 의견이나 주의를 굳게 내세움. 또는 그런 의견이나 주의
22) 근거(根뿌리 근, 據의거할 거)-근본이 되는 거점.
23) 존귀(尊높을 존, 貴귀할 귀)-지위나 신분이 높고 귀함.

믿을 것인지 선택의 문제이다. 진화론은 인간의 가치와 24)존엄을 떨어뜨리지만, 창조론은 그에 대한 근본적인 이해를 얻게 한다.

기독교의 창조 세계관은 단순히 세상의 기원에 대해서 말하는 것이 아니다. 하나님은 세상을 자연법칙에 따라 움직이도록 내버려두신 것이 아니다. 여전히 주관하시고 다스린다는 믿음을 포함한다.

기독교 세계관의 또 하나의 중요한 기둥은 타락이다. 이는 인간의 불행과 고통의 근원을 설명해 준다. 세상은 환경, 운명, 25)업보, 팔자 등을 불행의 원인으로 보지만, 성경은 타락(墮 떨어질 타, 落 떨어질 락), 곧 하나님과 떨어진 관계를 근본 원인으로 본다.

사람들은 교육, 경제적 풍요, 환경, 인간관계 등을 통해 행복해질 수 있다고 믿는다. 제물로 신의 능력을 얻고, 교육, 의료, 기술을 통해 행복을 얻으려 한다. 하지만 기독교는 이런 26)접근으로는 해결할 수 없다고 믿는다. 하나님과의 관계 회복만이 근본 열쇠이다.

성경이 말하는 하나님은 다른 종교의 신들과는 27)차원이 다르다. 종교에서 신을 찾는 이유는 제물로 신의 도움을 얻기

---

24) 존엄(尊 높을 존. 嚴 엄할 엄)-인물이나 지위 따위가 감히 범할 수 없을 정도로 높고 엄숙함.
25) 업보(業 업 법. 報 갚을 보)- 행한 선악에 대한 갚을 것과 보상
26) 접근(接 사귈 접. 近 가까울 근)-1. 가까이 다가감. 2. 친밀하고 밀접한 관계를 가짐
27) 차원(次 버금 차. 元 으뜸 원)- 사물을 보거나 생각하는 처지. 생각. 의견. 사상. 학식의 수준
        [버금- 으뜸 바로 아래 또는 그런 지위에 있는 사람이나 물건]

위해서이다. 그러나 하나님은 우리와 사랑하고 28)소통하길
원하신다. 진정한 행복은 하나님과 관계에 있다.

인간에게 가장 큰 문제는 하나님과 관계를 다시 회복시
킬 능력이 없다는 것이다. 여기서 중요한 또 하나의 기독교
세계관이 바로 구속(救건질 구, 贖속바칠 속)이다. '속바친다'
의 뜻은 29)대가를 치르고, 죄의 형벌을 30)사면받는 것이다.
예수님이 십자가에서 우리 대신 속바침으로 인간은 하나님과
의 관계를 31)회복하게 되었다. 창조, 타락, 구속은 인간의 모
든 문제에 대한 근본적인 답을 제시하는 기독교의 핵심 세계
관이다.

 ## 하브루타 활동 1 - 내용 이해 피드백

◆ 2~3개 질문을 선택하고 자기 의견을 발표하세요.

1. 처음 알게 된 내용이 있나요?
2. 알고 있었지만 새롭게 다가온 내용이 있나요?
3. 중요한 핵심은 무엇이라 생각하나요?
4. 설명이 더 필요한 내용이 있나요?

---

28) 소통(疏 트일 소, 通 통할 통)-1. 막히지 아니하고 잘 통함. 2. 뜻이 서로 통하여 오해가 없음.
29) 대가(代 대신할 대, 價 값 가)-1. 물건의 값으로 치르는 돈. 2. 일을 하고 받는 보수.
　　　　3. 노력이나 희생으로 얻는 결과. 또는 결과를 얻기 위한 노력이나 희생.
30) 사면(赦 용서할 사, 免 면할 면)-죄를 용서하여 형벌을 면제함
31) 회복(回 돌 회, 復 돌아올 복)-원래의 상태로 돌이키거나 원래의 상태를 되찾음.

◆ 짝과 함께 창조, 타락, 구속의 세계관을 보여 준다고 생각하는 사진을 각각 선택하고 서로 의논 후 □설명하세요.

◆ **성경적 개념 정의하기** - 짝과 함께 문장을 완성하세요.

창조, 타락, 구속의 세계관이 중요한 이유는

이다.

요약하고 기도하기

🗨 하브루타 활동 I – 말씀 다시 보기

◆ 짝과(2~3명) 함께 ❶, ❷의 의미를 의논 후 설명하세요.

누가 ❶철학과 헛된 속임수로 너희를 사로잡을까 주의하라 이것은 사람의 전통과 세상의 초등학문을 따름이요 ❷그리스도를 따름이 아니니라
골로새서 2:8
[개역 개정]

❶ '철학과 헛된 속임수'에 해당하는 것들을 생각나는 대로 적어보세요.

❷ 그리스도를 따른다는 의미에 대한 자기 생각을 이야기하세요.

✏ 하브루타 활동 II – 제1과 요약하기

◆ 짝과 함께 3가지 기독교 세계관이 포함되도록 아래 문장을 완성하세요.

사람들이 하나님을 찾지 않는 진짜 이유는 ＿＿＿＿＿＿＿＿
＿＿＿＿＿＿＿＿＿＿＿＿＿＿＿＿＿＿＿＿ 이다.

하나님을 알려면 ＿＿＿＿＿＿＿＿＿＿＿ 해야 한다.

기독교 세계관이란 ＿＿＿＿＿＿＿＿＿＿＿＿＿
＿＿＿＿＿＿＿＿＿＿＿＿＿＿＿＿＿＿＿＿
＿＿＿＿＿＿＿＿＿＿＿＿＿＿＿＿＿＿ 이다.

 ## 하브루타 활동 Ⅱ – 작은 기도 부흥회

회개 자신을 돌아보고 앞으로 하지 말아야 할 일들을 나누세요.

1) 하나님에게 관심 없던 나의 모습은?

____

2) 세상 세계관으로 신앙 생활하던 나의 모습은?

____

3) 기타 _______________________________________

간구 내 힘으로 할 수 없기에 하나님의 도움이 필요한 일을 나누세요.

1) 말씀 속에서 살아 계신 하나님을 만나게 하소서!
2) 지혜와 계시의 성령으로 복음을 알게 하소서!
3) 기타 _______________________________________

나의 결단 각오나 다짐이 아닌 확인 가능한 실천을 나누세요.

____

____

> \#. 나눔 후, 스마트폰 등을 사용하여 찬양과 함께
> 서로 손을 맞잡고 큰 소리로 기도하세요.

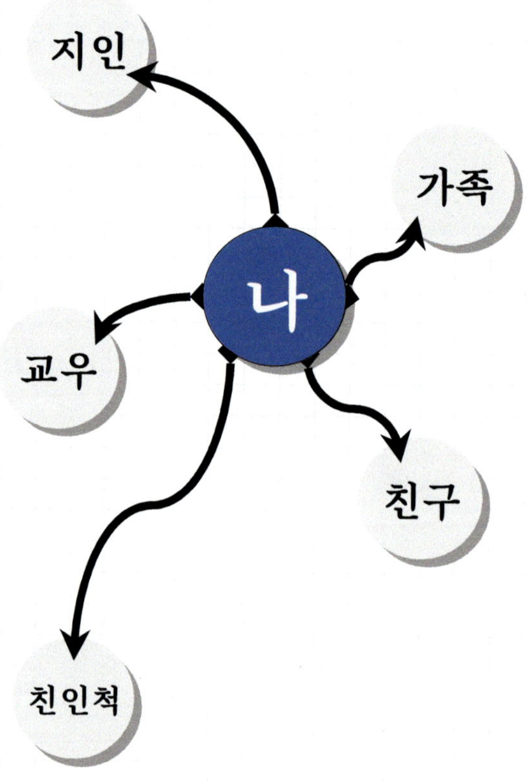

믿음 생활에 서로 힘이 되고 마음을 나눌 수 있는
좋은 만남을 위해 기도하세요.

2과

성경과 하나님

진도 보다 내용을 이해할 수 있도록 충분히 이야기 나누세요.

출애굽기 3장

[개역 개정]

14 하나님이 모세에게 이르시되 나는 스스로 있는 자이니라
또 이르시되 너는 이스라엘 자손에게 이같이 이르기를
스스로 있는 자가 나를 너희에게 보내셨다 하라

[현대어 성경]

14 하나님이 모세에게 말씀하셨다.
'나는 스스로 있는 자다.
너는 '스스로 늘 있는 나'라고 하는 이가
나를 너희에게 보냈다고 말하여라'

🌸 신앙 배경

신에 관한 생각은 다양하다. 인도, 이집트, 그리스, 그리고 수많은 나라에서는 샤머니즘처럼 다양한 신이 있다고 믿는다. 반면 유대교와 기독교, 이슬람에서는 신은 오직 한 분뿐이라고 믿는다. 또 불교처럼 신의 존재를 믿지 않고 인간이 깨달음과 해탈을 통해 신처럼 된다고 믿는 사람도 있다.

신앙은 저절로 성장하지 않는다. 하나님이 세상 다른 신과 무엇이 다른지 이해하는 것도 중요하지만 인격적으로 아는 것이 중요하다. 신앙은 하나님을 인격적으로 아는 만큼 성장한다. 시간이 흘러도 명목만 크리스천인 사람이 있고 안정되고 성숙한 일꾼이 된 사람도 있다. 많은 원인이 있지만 인격적으로 하나님을 아는 것이 가장 중요하다. 교회 생활에 익숙한 것과 하나님을 인격적으로 아는 것은 다르다.

하브루타 강단 1

※ 단어의 정확한 뜻을 확인하고 천천히 읽으세요 ※

💬 성경이 말씀하는 하나님

모세에게 보여 준 불에 타지 않는 떨기나무처럼 하나님은 때론 초자연적인 32)현상을 통해 자신을 드러내신다. 하나님이 만드신 만물에는 그분의 33)신성이 담겨있다(롬1:20). 그러나 하나님이 가장 안전하고 확실하게 당신을 보여 주는 방법은 성경이다. 하나님은 결코 성경을 벗어나지 않는다.

인간의 34)지성만으로는 성경에서 살아계신 하나님을 경험할 수 없다. 반드시 성령의 도움이 필요하다. 지성으로 성경을 이해하려는 것은 그리스 철학에서 나온 생각이다. 지식을 넘어 하나님을 만나고 싶다면 자기를 찾는 이를 기뻐하시는 하나님을 믿고 성령을 의지해야 한다.

---

32) 현상(現 나타날 현 狀 코키리 상)-인간이 지각할 수 있는, 사물의 모양과 상태.
33) 신성(神 귀신 신, 性 성품 성)-신의 성격. 또는 신과 같은 성격
34) 지성(知 알 지, 性 성품 성)-지각된 것을 정리하고 통일하여, 이것을 바탕으로 새로운 인식을 낳게 하는 정신 작용

성경의 하나님이 세상의 신과 근본적으로 다른 점은 자존성이다. 하나님은 스스로 존재하는 분이다. [35]피조물은 존재 원인이 외부에 있다. 사람은 부모가 있고 물과 음식, 사랑과 [36]관심 등 외부 [37]조력이 필요하다. 그러나 하나님은 조력이 필요 없다. 사랑도 영광도 모든 것이 충만하신 분이다.

하나님의 또 다른 특성은 [38]영원성이다. 하나님이 영원하다는 것은 과거, 현재, 미래, 시간 위에서 영원하다는 뜻이 아니다. 하나님은 시간과 공간을 만드신 분으로 그런 것에 [39]제약받지 않으며 [40]초월하는 분이시다.

과거, 현재, 미래는 모두 하나님 안에 있다. 하나님의 계획은 인간에게는 장차 이루어질 일이지만 하나님에게는 이미 이루어진 일이다. 또 하나님은 공간에 제약이 없기에 어디서든 기도하고, 하나님 말씀만으로도 확실한 [41]응답인 것이다.

하나님이 세상 신과 다른 또 하나의 중요한 [42]특성은 삼위일체로 이는 하나님의 [43]본성이다. 삼위일체는 인간의 능력으로 이해할 수 있는 개념이 아니다. 그러나 삼위일체에 대한 믿음은 매우 중요하다. 성부, 성자, 성령 하나님은 완벽

---

35) 피조물(被 입을 피. 造 지을 조. 物 물건 물)- 조물주에 의하여 만들어진 모든 것
36) 관심(關 빗장 관. 心 마음 심)-어떤 것에 마음이 끌려 주의를 기울임.
37) 조력(助 도울 조. 力 힘 력)-힘을 써 도와줌. 또는 그 힘
38) 영원(永 길 영. 遠 멀 원)-어떤 상태가 끝없이 이어짐. 또는 시간을 초월하여 변하지 아니함
　　→ 성경적 개념을 알아야 할 단어입니다.
39) 제약(制 절재 할 제. 約 맺을 약)-1. 조건을 붙여 내용을 제한함. 또는 그 조건.
　　　　2. 사물의 성립에 필요한 규정이나 조건.
40) 초월(超 넘을 초. 越 넘을 월)-어떠한 한계나 표준을 뛰어넘음
41) 응답(應 응할 응 答 대답할 답)-부름이나 물음에 응하여 답함
42) 특성(特 특별할 성. 性 성품 성)-일정한 사물에만 있는 특수한 성질
43) 본성(本 근본 본. 性 성품(바탕) 성)-사람이 본디부터 가진 성질

히 코이노니아(교제)를 이룬다.

물고기가 물속에서 먹고, 자는 것은 그것이 본성이기 때문이다. 삼위일체는 하나님의 본성이다. 하나님은 모든 것을 코이노니아 속에서 하신다. 하나님이 창조된 인간도 교제 없이는 살 수 없다는 뜻이다. 하나님과의 소통하고 교재해야 하며 44)성도는 교회 안에서 교제해야 사는 존재인 것이다.

신앙은 하나님을 아는 만큼 45)성장하고 하나님 나라의 46)복을 풍성히 누릴 수 있다. 하나님이 성경을 주신 것은 하나님이 주신 어떤 복보다 크고 놀라운 복이다.

 **하브루타 활동 Ⅰ** - 내용 이해 피드백 하기

◆ 2~3개 질문을 선택하고 자기 의견을 발표하세요.

1. 처음 알게 된 내용이 있나요?
2. 알고 있었지만 새롭게 다가온 내용이 있나요?
3. 중요한 핵심은 무엇이라 생각하나요?
4. 설명이 더 필요한 내용이 있나요?

---

44) 성도(聖 성스러울 성. 徒 무리 도)-기독교 신자를 높여 이르는 말
45) 성장(成 이룰 성. 長 길 장)-1. 사람이나 동식물 따위가 자라서 점점 커짐.
　　　　　　　　　　　　　　2. 사물의 규모나 세력 따위가 점점 커짐.
46) 복(福 복 복)-삶에서 누리는 좋고 만족한 행운과 거기서 얻는 행복 →성경적 개념을 알아야 할 단어.

 하브루타 활동 Ⅱ – 성경적 개념 정리하기

◆ 짝과 함께 성경이 말하는 하나님을(인간과 다른) 설명하는 사진을 선택
하고 의견을 나눈 후 설명하세요.

◆ **성경적 개념 정의하기** – 짝과 함께 문장을 완성하세요.

하나님이 세상의 이방 신과 다른 것은

이다.

하브루타 강단 2

💬 성경은 정말 하나님의 말씀인가?

성경은 사람이 쓴 책이지만 동시에 하나님이 쓴 책이다. 사도 바울은 성경(구약)은 성령의 47)감동으로 쓰인 책이라고 말한다 (디모데후서 3:16). 하지만 하나님이 불러 준 대로 받아쓴 책이라는 뜻은 아니다.

바울은 자신의 편지가 신약 성경이 될 것을 미리 알고 쓴 것은 아니다. 제자들과 교회를 바로 세우려는 간절함으로 편지를 쓸 때 역사의 48)주관자이신 하나님의 특별한 감동이 함께 한 것이다.

성경은 약 3500년 전 모세에 의해 처음 기록된 이후

---

47) 감동(感 느낄 감, 動 움직일 동)- 크게 느끼어 마음이 움직임
48) 주관(主 주인 주, 管 피리 관)-어떤 일을 책임을 지고 맡아 관리함

1600년 동안 약 40명에 의해서 3개의 언어로 쓰인 총 66권의 책이다. 시대마다 각각 다른 저자들이 자기의 49)시각과 50)문체로 썼지만, 하나님의 감동이 그들과 함께했다.

성경은 역사서, 시가서, 예언서 등 다양한 형식으로 쓰였다. 각각의 책들은 당시 시대 상황에 따라 다양한 내용과 그 시대의 사람들을 위한 메시지를 담고 있다. 동시에 그 메시지는 모든 시대의 사람들을 향한 메시지이기도 하다.

성경이 놀라운 점은 이스라엘이 나라를 세웠지만 다른 종교와 나라에 51)지배받다가 다시 일어서기를 52)반복하는 1600년 동안 40여 명이 기록했지만, 마치 한 사람이 쓴 것처럼 예수님과 하나님 나라에 대한 53)일관된 메시지를 담고 있다는 것이다.

흥미롭게도 성경은 54)원본이 없다. 한 권쯤은 있을 법도 한데 66권 모두 원본이 없다. 성경은 수많은 55)사본을 비교 분석함으로써 원본 없이 원본이 더 잘 56)보존되는 57)신비의 책이다. 하나님의 58)섭리가 아니면 설명하기 어렵다.

---

49) 시각(視 볼 시, 覺 깨달을 각)-사물을 관찰하고 파악하는 기본적인 자세
50) 문체(文 글월 문, 體 몸 체)-문장의 개성적 특색
51) 지배(支 지탱할 지, 配 배치할 배)-어떤 사람이나 집단, 조직, 사물 등을 자기의 의사대로 복종하게 하여 다스림
52) 반복(反 돌이킬 반, 復 돌아갈 복)-같은 일을 되풀이함
53) 일관(— 하나 일, 貫 꿸 관)-하나의 방법이나 태도로써 처음부터 끝까지 한결같음
54) 원본(原 근원 원, 本 밑 본)-베끼거나 고친 것에 대하여 근본이 되는 서류나 문건 따위
55) 사본(寫 베낄 사, 本 밑 본)-원본을 그대로 베낌. 또는 베낀 책이나 서류
56) 보존(保 지킬 보, 存 있을 존)-잘 보호하고 간수하여 남김
57) 신비(神 귀신 신, 祕 숨길(깊다) 비)-일이나 현상 따위가 사람의 힘이나 지혜 또는 보통의 이론이나 상식으로는 도저히 이해할 수 없을 만큼 신기하고 묘함

원본이 없는 것이 오히려 복이다. 원본이 있다면 영화 속 59)성배처럼 60)숭배의 대상은 물론이고, 원본을 차지하려는 수많은 자들에 의해 61)갈등과 전쟁이 끊이지 않았을 것이다.

성경이 하나님 말씀이라는 또 다른 증거는 성경 속 예언들은 모두 62)성취되고 예수의 다시 오심 만, 남아 있다. 또 시대를 막론하고 수많은 사람이 성경을 통해 변화되고 있다는 점이다. 모두 하나님 아니면 설명할 수 없는 것들이다.

하나님을 보여 주는 특별한 선물, 66권을 하나로 묶어 놓은 이 놀라운 책을 그리스어로 Ta Biblia(타 비블리아), 영어로 The book, 프랑스어로 Bible(비블)로 불렸고 오늘날에는 'HOLY BIBLE, 성경'이라 부르고 있다.

참고로 성경 외에도 카톨릭은 63)정경에 준하는 64)권위를 부여한 10권의 외경이 있으며, 또 B.C 200년부터 A.D 200년 사이에 기록된 위경이 있다. 위는(僞) '거짓 위'로 이단들이 자신들의 주장을 위해 허위로 만든 책이다. 결혼한 예수

---

58) 섭리(攝 유지할 섭. 理 다스릴 리)-1. 대신하여 처리하고 다스림 →성경적 개념을 알아야 할 단어
59) 성배(聖 성스러울 성. 杯 잔 배)-신성한 술잔
60) 숭배(崇 높을 숭. 拜 절 배)-우러러 공경함
61) 갈등(葛 칡 갈. 藤 등나무 등)- 칡과 등나무가 서로 얽히는 것과 같이. 개인이나 집단 사이에
    목표나 이해관계가 달라 서로 적대시하거나 충돌함. 또는 그런 상태
62) 성취(成 이룰 성. 就 이룰 취)-목적한 바를 이룸
63) 정경(正 바를 정. 經 날 경)-1. 사람으로서 마땅히 행하여야 할 바른길
    2. 기독교 구약 성경과 신약 성경을 아울러 이르는 말.
    [참고-經날 경/ 그물 등을 짤 때 세로로 놓인 기준 실]
64) 권위(權 저울추 권. 威 위엄 위)-정한 분야에서 인정을 받고 영향력을 끼칠 수 있는 위신

님을 65)묘사해 크게 논란이 된 영화 '다빈치코드'는 위경을
바탕으로 만들었기에 논쟁할 가치도 없다.

 **하브루타 활동 Ⅰ** - 내용 이해 피드백 하기

◆ 2~3개 질문을 선택하고 자기 의견을 발표하세요.

1. 처음 알게 된 내용이 있나요?
2. 알고 있었지만 새롭게 다가온 내용이 있나요?
3. 중요한 핵심은 무엇이라 생각하나요?
4. 공부하며 생각난 이야기 또는 질문이 있나요?
5. 이해가 부족한 내용이 있나요?

---

65) 묘사(描 그릴 묘, 寫 베낄 사)- 대상, 사물, 현상 따위를 언어나 그림으로 표현함

 ## 하브루타 활동 Ⅱ - 성경적 개념 정리하기

◆ 짝과 함께 성경이 보통의 책들과 다른 특징. 4가지를 적고 설명하세요.

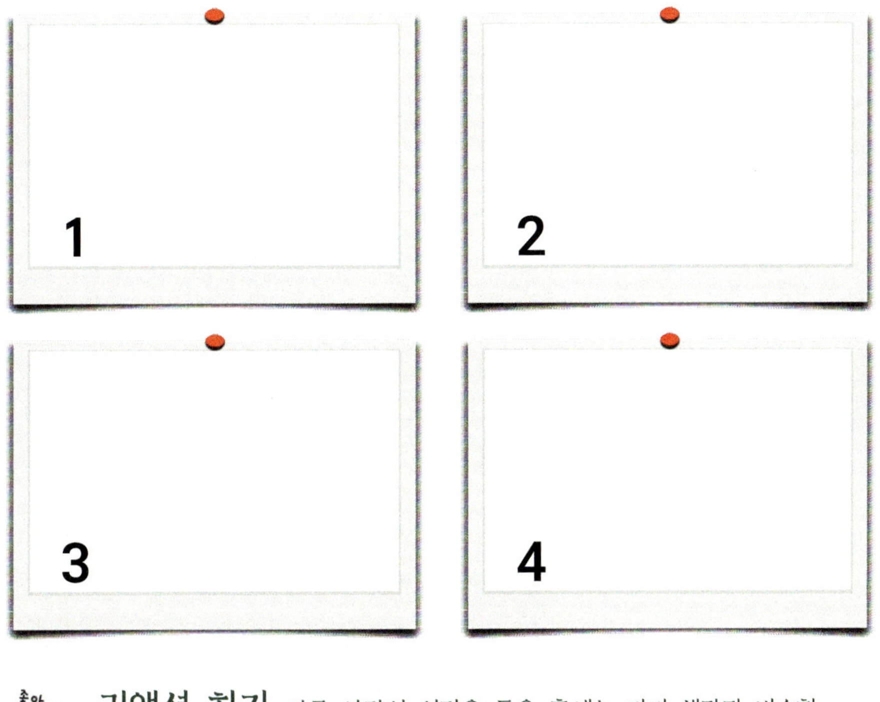

◆ **성경적 개념 정의하기** - 짝과 함께 문장을 완성하세요.

> * 성경은 하나님이
>
> 책 이다.

요약하고 기도하기

 하브루타 활동 Ⅰ - 말씀 다시 보기

◆ 짝과 함께 ❶ ❷의 의미에 대해 의논 후 발표하세요.

<table>
<tr><td>

하나님이 모세에게 이르시되
나는 스스로 있는 자이니라
또 이르시되 너는 이스라엘
자손에게 이같이 이르기를
스스로 있는 자가 나를 너희에게
보내셨다 하라
출애굽기 3장 14절 [개역 개정]

❶ '나는 스스로 있는 자'의
의미는?

</td><td>

모든 성경은
하나님의 감동으로 된 것으로
교훈과 책망과 바르게 함과
의로 교육하기에 유익하니
디모데후서 3장 16절 [개역 개정]

❷ '하나님의 감동으로 된
것'의 의미는?.

</td></tr>
</table>

하브루타 활동 Ⅱ - 제2과 요약 하기

◆ 짝과 함께 성경의 특징과 성경이 말하는 하나님의 특징이 포함
되도록 아래 문장을 완성한 후 발표하세요.

하나님이 세상의 신과 다른 점은 ___________________

___________________________ 이다.

성경은 하나님이 ___________________________위해

___________________________ 한 책이다.

 ## 하브루타 활동 Ⅲ – 작은 기도 부흥회

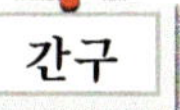 **회개** 자신을 돌아보고 앞으로 하지 말아야 할 일들을 나누세요.

   1) 하나님을 대하는 나의 잘못된 모습은?

   ____

   2) 성경을 잘못 알고 가볍게 생각했던 나의 모습은?

   ____

   3) 기타 ____

간구 내 힘으로 할 수 없기에 하나님의 도움이 필요한 일을 나누세요.

   1) 하나님을 느끼고 그 사랑을 누리게 하소서!
   2) 내 눈을 열러 성경을 볼 수 있게 하소서!
   3) 기타 ____

나의 결단 각오나 다짐이 아닌 확인 가능한 실천을 나누세요.

   ____

   ____

> #. 나눔 후, 스마트폰 등을 사용하여 찬양과 함께
> 서로 손을 맞잡고 큰 소리로 기도하세요.

아무 생각이나 끄적끄적~

교회 공동체

진도 보다 내용을 이해할 수 있도록 충분히 이야기 나누세요.

골로새서 1장

[개역 개정]
18 그는 몸인 교회의 머리시라 그가 근본이시오
죽은 자들 가운데서 먼저 나신 이시니
이는 친히 만물의 으뜸이 되려 하심이요

[현대어 성경]
18 그리스도께서는 자신의 백성으로 이루어진 몸인
교회의 머리이십니다.
교회는 그분에게서 시작되었습니다.
그분은 죽은 자들 가운데서 살아나신 최초의 분입니다.
그래서 그분은 만물의 으뜸이 되셨습니다.

🗨 성서 배경

그리스, 이집트 같은 세상의 종교에서 신은 각기 고유한 영역이 있다. 필요에 따라 사람들은 신을 찾아 제물을 드렸다.

신전 제사는 종교뿐만 아니라 경제, 문화의 중심이었다. 수많은 제물은 시장으로 팔려 나갔으며 도시 경제에 비중이 매우 컸다. 신전 제사는 도시의 축제였고 문화였다. 사람들이 몰려드니 사제는 자연스럽게 권력의 중심이 되었다. 로마 황제는 스스로 신이 되어 정치, 군사뿐 아니라 종교 권력까지 가진 막강한 권력자가 되었다.

유대 역시 제사장이 권력의 중심이었다. 그들은 로마 황제를 신으로 인정할 수 없지만, 정치, 군사의 왕으로 타협했다. 그러나 제자들에게 로마 황제는 하나님이 허락한 임시 권력자일 뿐이었다. 이 모두가 핍박의 이유였다.

※ 단어의 정확한 뜻을 확인하고 천천히 읽으세요 ※

💬 신전이 필요 없는 사람들

신을 섬긴다면서도 66)신전을 만들지 않는 사람들이 나타났다. 예수를 믿고 따르는 사람들이다. 당시에는 그들을 이해할 수 없어 무신론자라고 한 사람도 있었다. 제자들은 신전을 못 짓는 것이 아니라 안 만드는 것이었다. 어디든지 하나님이 함께하기에 신전을 지을 필요가 없었다. 제자들은 주로 집에서 모였다(고전 3:16).

성전은 말 그대로 거룩한 집이다. '거룩'으로 번역한 'שׁדוֹק 카도쉬'는 67)구별한다는 뜻이다. 모세가 십계명을 받은 산을 다른 산과 구별하여 '성산'이라 불렀고 광야에서는 '성막(거룩한 천막)' 가나안에서는 '성전(거룩한 집)'이라 불렀다.

공부하는 사람을 학생이라 하듯 '교회'는 예수를 믿는 성

---

66) 신전(神 신령 신, 殿 큰집 전)-령을 모신 전각
67) 구별(區 지경 구, 別 나눌 별)-성질, 종류에 따른 차이 또는 성질, 종류에 따라 갈라놓음

도들이다(고전 1:2). 세상 종교에서는 신의 68)능력을 얻기 위해 제물을 가지고 신전을 찾지만, 교회가 모이는 69)목적은 하나님과 더불어 사랑하는 관계 때문이다.

바울은 교회를 사람의 몸에 빗대어 설명한다. 예수님은 머리이고 성도는 몸의 70)지체이다 (골1:18). 성경은 '너희' '성도라 부르심을 받은 자들'처럼 복수로 표현함으로써 교회는 개인이 아닌 71)공동체임을 밝히고 있다.

그리스도의 몸이라는 말에 사람들은 72)역할과 73)기능을 생각하지만, 중요한 것은 관계이다. 예수님이 우리를 자기 몸처럼 사랑한다는 것이다. 성도 또한 서로가 내 몸 같은 존재라는 의미가 중요하다(엡4:16). 에덴에서 복을 주시며 74)번성하라고 하신 말씀이 교회 공동체를 통해 75)실현된 것이다.

기독교가 로마에 76)공인된 이후 교회는 처음으로 건물을 갖게 되었다. 건물이 생기면서 점점 교회를 건물과 동일시하였고 '성도'와 77)이원화되기 시작했다. 우리나라에서도 처음

---

68) 능력(能 능할 능, 力 힘 력)-일을 감당해 낼 수 있는 힘
69) 목적(目 눈 목, 的 과녁 적)-1. 실현하려고 하는 일이나 나아가는 방향.
　　　2. 실현하고자 하는 목표의 관념
70) 지체(肢 팔다리 지, 體 몸 체)- 팔다리와 몸을 통틀어 이르는 말
71) 공동체(共 함께 공, 同 한가지 동, 體 몸 체)-생활이나 행동 또는 목적 따위를 같이하는 집단
72) 역할(役 부릴 역, 割 나눌 할)-자기가 마땅히 하여야 할 맡은 바 직책이나 임무
73) 기능(機 틀 기, 能 능할 능)-하는 구실이나 작용을 함
74) 번성(繁 많을 번, 盛 담을 성)-한창 성하게 일어나 퍼짐 →성경적 개념을 알아야 할 단어
75) 실현(實 열매 실, 現 나타날 현)- 꿈, 기대 따위를 실제로 이룸
76) 공인(公 공평할 공, 認 알 인)-국가, 공공 단체 등이 어느 행위나 물건에 대하여 인정함
77) 이원화(二 둘 이, 元 으뜸 원, 化 될 화)-기구, 조직, 문제 따위를 둘이 되게 함

에는 '예배당(예배드리는 큰집)' '교회당(교회가 모이는 큰집)'
으로 불렀지만 'OO 교회' 같은 간판이 걸리면서 건물을 교회
로 오해하게 되었다.

'대성전' '예루살렘 성전' 같이 예배실을 성전으로 부르다
보니 하나님은 그곳에 계실 것 같고, 그곳에서 기도해야 더
잘 응답 될 것 같은 느낌이 생겼다. 건축 붐이 불면서 부흥사
들이 대놓고 건물을 성전이라 외쳤다. 이제는 교회를 축복한
다고 해도 자신과 동일시 못하고, 교회 부흥과 자신을 연결하
지 못한 성도가 많아졌다.

교회는 건물이 아니다. 그리스도를 믿고 하나님과 더
불어 서로 사랑하는 사람들의 공동체이다.

하브루타 활동 1 – 내용 이해 피드백

◆ 2~3개 질문을 선택하고 자기 의견을 발표하세요.

1. 처음 알게 된 내용이 있나요?
2. 알고 있었지만 새롭게 다가온 내용이 있나요?
3. 중요한 핵심은 무엇이라 생각하나요?
4. 설명이 더 필요한 내용이 있나요?

◆ 나의 카드에 대한 답에 대해 두 사람을 지목하고 의견을 들은 후 참고하여 자기 의견을 발표하세요.

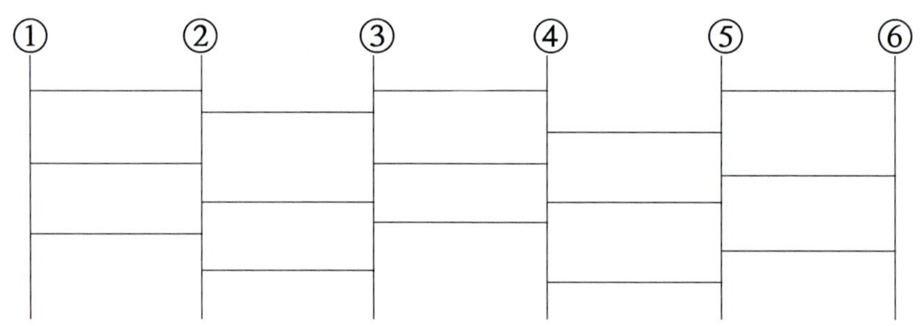

교회가 이방 종교와 다른 점은? **A**	스스로 질문을 만들어 참여하세요. **B**	교회를 그리스도의 몸으로 설명한 이유는? **C**
교회를 축복한다는 말에 대한 나의 감정은? **D**	스스로 질문을 만들어 참여하세요. **E**	교회에 대한 오개념은 무엇이 있는가? **F**

◆ **성경적 개념 정의하기** – 짝과 함께 문장을 완성하세요.

> 교회가 신전이 필요 없는 이유는
>
> 　　　　　　　　　　　　　　　　이다.

하브루타 강단 2

※ 단어의 정확한 뜻을 확인하고 천천히 읽으세요 ※

이 땅에 살아야 하는 이유

그토록 사랑하고 바라던 우리를 [78]구원하였는데 하나님은 왜 고난이 많은 이 땅에 우리를 살게 하는 것일까? 천국에서 예배와 교제는 이 땅과는 비교할 수도 없을 것인데 이 땅에 머물러야 하는 이유는 무엇일까?

교회가 이 땅에서만 유일하게 할 수 있는 일은 [79]전도이다. 만약 구원받은 즉시 모두가 하나님 나라로 가버린다면 어떤 일이 생길까? 사람들은 누구를 통해 [80]복음을 들을 수 있을까? 하나님은 교회를 통해 그리스도의 덕을 세상에 드러나고 한 사람이라도 더 구원되길 원하신다 (벧전2:9).

---

78) 구원(救 건질 구, 援 당길 원)- 어려움이나 위험에 빠진 사람을 구하여 줌
79) 전도(傳 전할 전, 道 길 도)-도리를 세상에 널리 알림
80) 복음(福 복 복, 音 소리 음)-기쁜 소식. 예수에 의한 인간 구원의 길. 가르침

하나님이 세상에 보여 주고 싶은 것은 예수의 십자가와 [81]부활만이 아니다. 아담처럼 자기 뜻대로 살지 않고 말씀을 따르는 삶에는 성령의 [82]권능이 있다. 성령과 [83]동행하는 우리의 모습을 통해 하나님의 살아계심을 보여 주길 원하신다.

예수의 [84]증인은 [85]노력한다고 되는 것이 아니다. 성령이 동행할 때 가능하다. 초대 교회는 주의 가르침에 따라 가족처럼 서로 사랑하고 아끼며 살았다. 노예, 여자, 어린아이, [86]신분에 상관없이 예수 안에서 서로 [87]존중하며 사랑했다. 그런 교회는 성령이 함께하였고 백성에게 [88]칭송을 받을 뿐만 아니라 구원받는 사람이 날마다 늘었다(행2:44-47).

성도는 교회를 통해 유업(遺 남길 유 業 업 업)을 받는다. 이는 아담이 받은 [89]사명이기도 하다. 아담은 그 사명을 버렸지만, 예수님은 둘째 아담이 되어 그 사명을 온전히 이루셨다.

'죄'는 하나님과 [90]단절되게 하지만 '의'는 하나님과의 관계를 회복시킨다. 불행하게도 인간에게는 그런 '의'가 없지만, 그리스도는 그 일(義)을 이루셨다. 이제 우리는 사람들이 그

---

81) 부활(復 다시 부. 活 살 활)-죽었다가 다시 살아남 →성경적 개념을 알아야 할 단어
82) 권능(權 저울추 권. 能 능할 능)- 권세와 능력을 아울러 이르는 말.
83) 동행(同 한가지 동 行 다닐 행)- 같이 길을 감
84) 증인(證 증거 증. 人 사람 인)-어떤 사실을 증명하는 사람
85) 노력(努 힘쓸 노. 力 힘 력)- 목적을 이루기 위하여 몸과 마음을 다하여 애를 씀
86) 신분(身 몸 신. 分 나눌 분)-개인의 사회적인 위치나 계급
87) 존중(尊 높을 존 重 무거울(소중할) 중)- 높이어 귀중하게 대함
88) 칭송(稱 일컬을 칭. 頌 기릴 송)- 칭찬하여 일컬음. 또는 그런 말
89) 사명(使 부릴(보낼) 사. 命 목숨(명령. 명확하게 하다) 명)-맡겨진 임무
90) 단절(斷 끊을 단. 切 끊을 절)-유대나 연관 관계를 끊음

리스도의 의를 통해 하나님과 회복되도록 섬겨야 한다.

우리의 유업은 그리스도의 구원 사역에 동참하는 일이다. 전도는 여유가 있을 때 참여하는 자원봉사가 아니다. 크리스천의 사명이다. 기도가 호흡이라면 전도는 운동이다. 우리의 신앙 근육을 건강하게 만드는 하나님의 은혜이다.

사도 바울은 약할 때도 강할 때도 가난할 때도 부요할 때도 항상 만족하고 감사하며 복음을 전할 수 있는 모든 [91]비결을 배웠다고 말한다. 그는 우리에게 복음의 [92]멍에를 메라고 한다 (빌4:12). 우리는 역할은 다르지만, 주께서 당부한 것을 가르쳐, 지키게 하는 일에 [93]합력하고 [94]충성해야 한다. 그 일이 곧 성도의 유업이며 이 땅에 머무는 이유이다.

하브루타 활동 1 – 내용 이해 피드백

◆ 2~3개 질문을 선택하고 자기 의견을 발표하세요.

1. 처음 알게 된 내용이 있나요?
2. 알고 있었지만 새롭게 다가온 내용이 있나요?
3. 중요한 핵심은 무엇이라 생각하나요?
4. 설명이 더 필요한 내용이 있나요?

---

91) 비결(祕 숨길 비, 訣 이별할 결)-세상에 알려져 있지 않은 자기만의 뛰어난 방법
92) 멍에-수레나 쟁기를 끌기 위하여 말과 소의 목에 얹는 구부러진 막대.
93) 합력(合 합할 합, 力 힘 력)- 흩어진 힘을 한데 모음. 또는 그렇게 모은 힘
94) 충성(忠 충성 충, 誠 정성 성)-진정에서 우러나오는 정성

◆ 짝과 함께 교회가 존재하는 이유를 설명하기 위해 꼭 필요한 단어 또는 문구 5가지를 적고 순서를 정한 다음 발표하세요.

리액션 하기 의견을 들은 후에는 자기 생각과 비슷한 동작으로 리액션하고, 그 이유를 짧게 설명하세요. [복수 선택 가능]

핵심을 정확히 설명했을 때	핵심만 간단히 설명하길 바랄 때
내 의견과 비슷하다고 생각할 때	미처 생각하지 못한 것을 설명했을 때
설명이 나에게 도움이 되었을 때	설명을 듣다가 이해한 것이 생겼을 때
듣다 보니 질문이 생길 때	발표 태도가 이전보다 개선됐을 때

◆ **성경적 개념 정의하기** – 짝과 함께 문장을 완성하세요.

교회가 해야 할 일은

이다.

세 번째 만남
요약하고 기도하기

 **하브루타 활동 I** – 말씀 다시 보기

◆ 짝과(2~3명) 함께 ❶, ❷의 의미를 의논 후 설명하세요.

골로새서 1장 18절 [우리말성경]
또 하나님의 아들은 ❶그분의 몸인 교회의 머리십니다. 그분은 근본이시요, 죽은 사람들 가운데서 먼저 살아나신 분이십니다. 이는 그분이 친히 만물 가운데 으뜸이 되시려는 것입니다. 몸인 교회의 머리시라 그가 근본이시요 죽은 자들 가운데서 먼저 나신 이시니 이는 친히 만물의 으뜸이 되려 하심이요

에베소서 4장 11절 [우리말성경]
[11]그가 어떤 사람은 사도로, 어떤 사람은 예언자로, 어떤 사람은 복음 전도자로, 어떤 사람은 목사로, 어떤 사람은 교사로 삼으셨으니 [12]이는 성도들을 ❷섬기는 일을 준비하게 하며 그리스도의 몸을 세우려는 것입니다.

❶ 그분의 몸인 교회

❷섬기는 일을 준비하여 그리스도의 몸을 세우려는 것

하브루타 활동 II – 제3과 요약하기

◆ 짝과 함께 교회의 정의와 신전이 필요 없는 이유, 교회가 이 땅에서 해야 할 일이 포함되도록 요약하세요.

교회는 ______아니고 ____________________이다.

교회에는 ____________________________ 주님의 은혜가 있으며, 이 땅에 교회가 존재해야 하는 이유는 ______ ____________________________하기 위해서이다.

 ## 하브루타 활동 Ⅱ - 작은 기도 부흥회

 **회개** 자신을 돌아보고 앞으로 하지 말아야 할 일들을 나누세요.

1) 교회는 뒤로하고 오직 나 자신만 위한 나의 모습

____

2) 그리스도의 몸으로서 교회에 대해 무지했던 나의 모습

____

3) 기타 ____

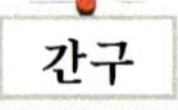 **간구** 내 힘으로 할 수 없기에 하나님의 도움이 필요한 일을 나누세요.

1) 교회 공동체로 부르신 놀라운 비밀을 알게 하소서!
2) 하나님과 성도와 서로 사랑하는 신앙인이 되게 하소서!
3) 기타 ____

나의 결단 각오나 다짐이 아닌 눈과 귀로 확인할 수 있는 실천을 나누세요.

____

____

> \#. 나눔 후, 스마트폰 등을 사용하여 찬양과 함께
> 서로 손을 맞잡고 큰 소리로 기도하세요.

4과

진정한 예배

진도 보다 내용을 이해할 수 있도록 충분히 이야기 나누세요.

요한복음 4장 21-23절

[개역 개정]

²¹ 예수께서 이르시되 여자여 내 말을 믿으라 이 산에서도 말고 예루살렘에서도 말고 너희가 아버지께 예배할 때가 이르리라
²² 너희는 알지 못하는 것을 예배하고 우리는 아는 것을 예배하노니 이는 구원이 유대인에게서 남이라
²³ 아버지께 참되게 예배하는 자들은 영과 진리로 예배할 때가 오나니 곧 이 때라 아버지께서는 자기에게 이렇게 예배하는 자들을 찾으시느니라

[현대어 성경]

21 예수께서 여자에게 말씀하셨다. '여자여, 내 말을 믿어라. 여기도 아니고 예루살렘도 아닌 곳에서 아버지께 예배드릴 때가 온다. 예배는 어디서 드리느냐가 중요한 게 아니라 어떻게 드리느냐가 중요하다. 너희 사마리아 사람들은 하나님을 잘 알지 못하고 맹목적으로 예배를 드리지만 우리 유대 사람은 하나님을 알고 예배를 드린다. 이는 구원이 유대 사람들에게서 오기 때문이다. 하나님은 영이시다. 그러니 우리는 반드시 영과 진리로 예배를 드려야 한다. 아버지께서 이런 예배를 우리에게 원하신다.'

성서 배경

1세기 각 신전에 바쳐진 제물은 엄청났다. 제물은 다시 시장으로 팔려 나갔으며 도시 경제에 차지하는 비중이 상당했다. 신전의 축제는 도시의 문화를 이끌었고, 사제는 그 모든 것의 중심에 있었다.

로마인과 유대인은 단지 종교적 이유만으로 교회를 박해했던 것은 아니었다. 그들의 지위와 이해관계가 신전에 바탕을 두고 있었기 때문이다. 교회의 가르침은 그들의 이익 기반을 무너뜨릴 위험이 가득했다. 그 지독한 핍박에도 불구하고 교회의 예배 속에 나타나는 성령의 역사는 그 험한 세월을 이기게 하는 신비로운 힘이었다.

※ 단어의 정확한 뜻을 확인하고 천천히 읽으세요 ※

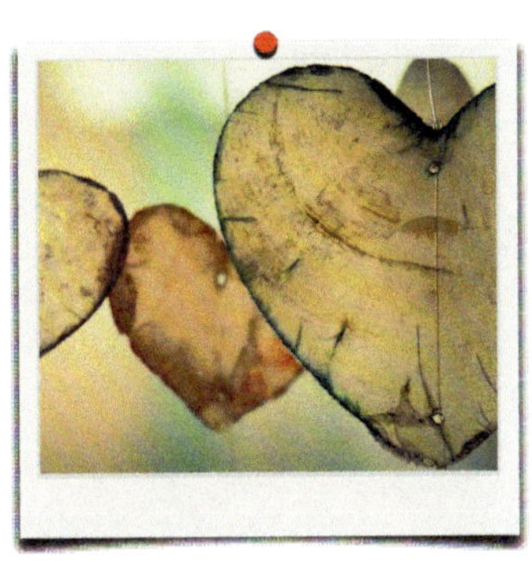

💬 거래가 아닌 사랑으로

종교는 [95]제물을 바치고 신의 능력을 얻는 [96]거래 같은 제사가 중심이다. 종교에서 신의 성품과 사람의 인품은 중요하지 않다. 원하는 것을 얻을 수 있고 제물이 흡족하면 그만이다. 그런 모습은 부패한 예루살렘 성전도 마찬가지였다.

그러나 교회는 다르다. 예수께서 십자가에서 완전한 제물이 되어 더 이상의 [97]제사가 필요 없다. 제사가 없으니 당연히 [98]사제도 없다(히10:19). 목사는 사제가 아니다. 헌금도 제물이 아니다. 하나님은 제사가 아니라 예배를 원한다. 예배는 하나님 앞에서 감사와 영광을 돌리는 경배이며 세상 어떤 종교에도 없는 신과 인간의 사귐이다.

---

95) 제물(祭 제사 제, 物 만물 물)- 제사 지낼 때 바치는 물건이나 짐승 따위.
96) 거래(去 갈 거, 來 올 래)-주고받음. 또는 사고팖
97) 제사(祭 제사 제, 祀 제사 사)-신령, 죽은 사람의 넋에게 음식을 바치어 정성을 나타내는 의식
98) 사제(司 맡을 사, 祭 제사 제)-카톨릭 주교와 신부를 통틀어 이르는 말
　　　[참고:기독교 예배는 제사가 아니다]

　　예수님과 사마리아 여인의 대화는 예배가 무엇인지 명확히 보여 준다. '예배'로 번역한 헬라어 'προσκυνέω 프로스퀴네오'는 '절하다'는 뜻이다. 여인은 어느 산에서 제사하냐고 않고 어느 산에서 예배(99)경배) 하는지 묻는다.

　　예수님은 영과 진리로 예배할 때가 온다고 하셨다. 영은 하나님의 자녀가 되어 성령 안에서 예배하는 것을 뜻하며, 진리는 그리스도의 말씀이다. 예배는 사람이 원한다고 드릴 수 있는 것이 아니다. 죄인은 하나님을 만날 수 없다. 오직 거듭난 자만이 성령 안에서 하나님을 만날 수 있다.

요 4:23 [우리말성경] ²³이제 참되게 예배하는 사람들이 영과 진리로 아버지께 예배드릴 때가 오는데 지금이 바로 그때다. 아버지께서는 이렇게 예배드리는 사람들을 찾고 계신다.

　　예배는 제물로 신의 축복을 사는 거래가 아니다. 이미 복 받고 100)은혜를 누리는 자가 하나님께 감사와 영광 돌리는 경배이다. 예배 그 자체가 특권이다. 기독교는 101)지성을 드리면 102)감천하는 종교가 아니다. 먼저 감천하신 하나님의 사랑 때문에 지성을 드리는 것이다.

　　농사는 비에 맞춰 밭을 갈고 103)파종해야 하지만, 유대인은 안식일이 먼저였다. 농사꾼이 보기에는 농사에 농자도 모

---

99) 경배(敬 공경할 경, 拜 절 배)-존경하여 공손히 절함
100) 은혜(恩 은혜(사랑) 은, 惠 은혜 혜)-고맙게 베풀어 주는 신세나 혜택
101) 지성(至 이를지, 誠 정성 성)-지극한 정성
102) 감천(感 느낄 감, 天 하늘 천)- 정성이 지극하여 하늘이 감동함
103) 파종(播 뿌릴 파, 種 씨 종)-곡식이나 채소 따위를 키우기 위하여 논밭에 씨를 뿌림.

르는 미련한 행동이다. 하지만 그들은 안식일을 [104]순종함으로 하나님을 드러낸다. 우리의 모든 형편을 아시는 하나님은 풍성한 추수로 당신의 살아계심을 드러낸다. 예배의 순종은 경배인 동시에 하나님을 세상에 드러내는 [105]선포이다.

예배는 사람이 아닌 철저히 하나님을 위한 자리이다. 신앙의 수많은 문제는 잘못된 예배에서 출발한다. 예배가 바로 세워지면 지금까지 보지 못한 놀라운 하나님의 [106]역사를 보게 된다.

 ## 하브루타 활동 Ⅰ - 내용 이해 피드백 하기

◆ 2~3개 질문을 선택하고 자기 의견을 발표하세요.

1. 처음 알게 된 내용이 있나요?
2. 알고 있었지만 새롭게 다가온 내용이 있나요?
3. 중요한 핵심은 무엇이라 생각하나요?
4. 공부하며 생각난 이야기 또는 질문이 있나요?

---

104) 순종(順 순할 순. 從 따를 종)-순순히 따름 [참고-복종(服옷 복); 종의 옷을 입고 따름]
105) 선포(宣 베풀 선. 布 펼 포)- 세상에 널리 알림
106) 역사(役 부역 역. 事 일 사)-1. 건설. 토목. 건축 따위의 공사   2.기독교 하나님이 일함
   [참고-부역: 보수 없이 의무를 지우는 노역]

하브루타 활동 Ⅱ – 성경적 개념 알아보기

◆ 관련 있는 것에 연결하고 그 이유를 설명하세요.

교회가
신전을 만들지
않는 이유는?

예배는
누가 드릴 수
있는가?

예배에
사제가 없는
이유는?

예배에
제물이 없는
이유는?

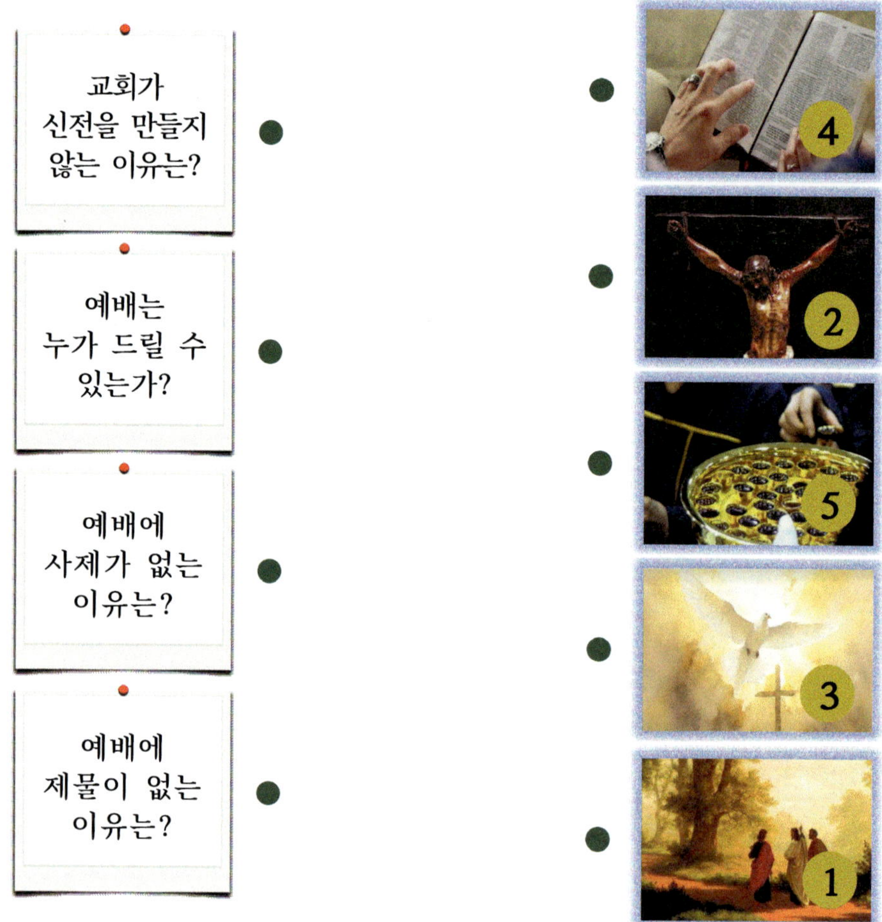

◆ 성경적 개념 정의하기 – 짝과 함께 문장을 완성하세요.

영과 진리로 예배한다는

이다.

※ 단어의 정확한 뜻을 확인하고 천천히 읽으세요 ※

🗨 누구를 위한 예배인가?

바울은 하나님을 알지만 하나님 호주머니에만 관심 있는 자들을 경계했다. 영화는 榮 꽃(빛날) 영, 華 빛날 화로 꽃처럼 아름답게 빛나고 빛난다는 뜻이다. 그들은 하나님이 아름답게 드러나는 일에는 관심이 없다. 그저 자신이 원하는 것을 얻기 위해 이방 107)수호신에게 제물을 바치듯 예배할 뿐이다.

롬 1:21 [우리말성경] 그들은 하나님을 알면서도 하나님을 영화롭게 하지도 않고 감사하지도 않았습니다. 오히려 그들의 생각이 허망해졌고 그들의 어리석은 마음은 어두워졌습니다.

개인의 문제를 하나님께 기도하는 것은 당연하지만, 그것이 예배의 중심이 돼서는 안 된다. 예배는 나를 위한 시간이 아니라 하나님을 위한 시간이다. 예배는 헬라어로 προσκυνέ

---

107) 수호신(守 지킬 수, 護 도울 호, 神 귀신 신)-국가, 민족, 개인 등을 지키고 보호하여 주는 신

ω(프로스퀴네오)이며, 히브리어로는 תשׁ(샤하)이다. 한자로는 禮 예도 예, 拜 절 배로 예를 갖추어 절하는 것이다. 모두 자신을 낮추어 하나님을 높이는 것을 의미한다.

예배는 사람이 은혜받는 자리가 아니다. 하나님이 영광 받으시고 기쁨을 누리는 시간이다. 예배는 받는 자리가 아닌 드리는 자리이다. 찬양에서 은혜받는 것이 아니라 찬양에 나의 고백을 담아 올려야 한다. 설교에 은혜받기보다 말씀에 합당한 나의 '아멘'을 드려야 한다. 예배는 드렸지만, 오히려 채워지는 108)역설의 은혜가 있다.

성경에서 예배는 개인 109)경건이 아니라 공동체 경건이다. 자유로운 개인 경건과 달리 공동체 예배는 110)통일성과 111)합의가 요구된다. 교회가 합의한 장소, 시간, 본문, 찬송으로 통일성 있게 하나님 앞에 나가는 것이다.

모든 교회가 하나님의 교회이지만 예배의 진정성은 내가 속한 교회의 예배에서 드러난다. 어디서든 예배만 드리면 된다는 사람이 있는데 위험한 생각이다. 예배는 내 생각보다 내가 속한 교회의 합의에 순종하는 것으로 시작한다.

또한 삶이 예배란 잘못된 개념은 로마서 12:1에 대한 오해에서 비롯되었다. '너희의 몸을 거룩한 산 제물로 드리라

이는 너희가 드릴 영적 예배니라'는 삶도 예배이니 공동체 예배를 대신해도 된다는 뜻이 아니다. '영적'으로 번역된 'λογικoσ 로기코스'는 합리적이다는 뜻이며, '예배'로 번역된 'λατρεια 라트레이아'는 '일' '봉사'를 의미한다. 신약에서 예배로 번역한 'προσκυνέω 프로스퀴네오(절하다)'가 아니다.

'λατρεια 라트레이아'를 삶도 예배이니 공동체 예배를 대신한다고 이해하는 초대 교회 성도는 없을 것이다. 그랬다면 그들은 그 무서운 112)핍박 속에서 목숨을 걸고 모이지 않았을 것이다. 롬12:1절은 기독교인은 일상도 예배처럼 하나님 앞에서 하나님의 영광이 드러나도록 행동하는 것이 바람직하다는 뜻이다. 죄인이었던 우리가 하나님을 위한 거룩한 예배에 참여하는 자체가 놀라운 특권이다.

 **하브루타 활동 Ⅰ** - 내용 이해 피드백 하기

◆ 2~3개 질문을 선택하고 자기 의견을 발표하세요.
1. 처음 알게 된 내용이 있나요?
2. 알고 있었지만 새롭게 다가온 내용이 있나요?
3. 중요한 핵심은 무엇이라 생각하나요?
4. 공부하며 생각난 이야기 또는 질문이 있나요?

---

112) 핍박(逼 닥칠 핍. 迫 닥칠 박)-1. 형세가 절박함. 2. 바싹 죄어서 몹시 괴롭게 굶.

 ## 하브루타 활동 Ⅱ - 성경적 개념 알아보기

◆ 가위바위보로 이긴 사람부터 질문을 선택하고 한 사람을 지목하여 의견을 들은 후 참고하여 자기 의견을 발표하세요.

성경이 말하는 예배는
무엇인가?

A

스스로 질문을 만들어
참여하세요.

B

예배에서 성찬은
왜 하는가?

C

롬12:1에 나오는
영적 예배의 참 의미는?

D

스스로 질문을 만들어
참여하세요.

E

잘못된 예배의 자세는
무엇이 있는가?

F

◆ **성경적 개념 정의하기** - 짝과 함께 문장을 완성하세요.

영과 진리로 예배한다는

이다.

요약하고 기도하기

하브루타 활동 Ⅰ - 말씀 다시 보기

◆ 짝과 함께 ❶, ❷의 의미에 대해 의논 후 발표하세요.

요 4:23-24 [우리말성경]
²³이제 참되게 예배하는 사람들이 ❶영과 진리로 아버지께 예배드릴 때가 오는데 지금이 바로 그때다. 아버지께서는 이렇게 예배드리는 사람들을 찾고 계신다. ²⁴하나님은 영이시니 하나님께 예배드리는 사람은 영과 진리로 예배드려야 한다."

롬 1:21 [우리말성경]
그들은 ❷하나님을 알면서도 하나님을 영화롭게 하지도 않고 감사하지도 않았습니다. 오히려 그들의 생각이 허망해졌고 그들의 어리석은 마음은 어두워졌습니다.

❶영과 진리로 예배한다는 의미

❷하나님을 알면서도 하나님을 영화롭게도 감사하지도 않는다는 의미

하브루타 활동 Ⅱ - 제4과 요약 하기

◆ 짝(2~3명)과 함께 예배가 이방 종교와 다른 점과 예배의 성경적 의미와 잘못된 예배의 모습이 설명되도록 요약하세요.

예배가 이방신에게 바치는 제사와 다른 점은 ___________
___________________이다.

영과 진리로 예배한다는 의미는 ___________________
___________________________이다.

우리의 예배에서 ___________________없어야 한다.

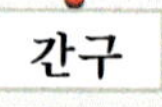 **회개** 자신을 돌아보고 앞으로 하지 말아야 할 일들을 나누세요.

1) 원하는 것을 얻으려고 예배하는 나의 모습은?

____

2) 공동체 경건인 것을 모르고 편리대로 예배한 나의 모습은?

____

3) 기타 ____

간구 내 힘으로 할 수 없기에 하나님의 도움이 필요한 일을 나누세요.

1) 나의 고백을 담은 찬양과 말씀에 나의 믿음을 담은
   '아멘'을 드리는 예배자가 되게 하소서!
2) 일상의 삶도 예배처럼 하나님 앞에 살게 하소서!
3) 기타 ____

나의 결단 각오나 다짐이 아닌 확인 가능한 실천을 나누세요.

____

____

> #. 나눔 후, 스마트폰 등을 사용하여 찬양과 함께
> 서로 손을 맞잡고 큰 소리로 기도하세요.

성도의 교제

진도 보다 내용을 이해할 수 있도록 충분히 이야기 나누세요.

요한일서 1장 3절

[개역 개정]
³ 우리가 보고 들은 바를 너희에게도 전함은
너희로 우리와 사귐이 있게 하려 함이니
우리의 사귐은 아버지와 그의 아들 예수 그리스도와 더불어
누림이라

[현대어 성경]
³ 거듭 말합니다만 우리가 실제로 보고 들은 것을
이렇게 전하고자 하는 것은 여러분도 우리와 같이
아버지 하나님과 또 그분의 아들 예수 그리스도와 사귐을 가져서
기쁨이 충만한 사람이 되게 하려는 것입니다.

🗨 성서 배경

같은 신을 섬긴다는 이유로 가족처럼 교제하는 종교는 없다. 1세기는 자유인과 노예의 신분이 엄격했고 어린이와 여성에게 인권은 없었다. 여자아이가 태어나면 거름 더미에 버려지기도 했고, 남자아이도 장애가 있거나 유약하면 버려지는 사회였다. 최소한의 인간 취급도 받지 못한 것이다.

그러나 교회는 성별, 나이, 신분에 상관없이 거리낌 없이 함께 식탁에 앉아 교제하는 파격적인 공동체였다. 예수의 뜻에 따라 아기를 버리는 일도 없었고, 여자라고 무시하지도 않았다. 노예도 존중받는다고 함부로 행동하지 않았다. 오히려 주인을 더 잘 섬겼다. 로마인에게 같은 신을 섬긴다는 이유로 서로를 형제라고 부르는 교회는 이상한 집단이었다.

※ 단어의 정확한 뜻을 확인하고 천천히 읽으세요 ※

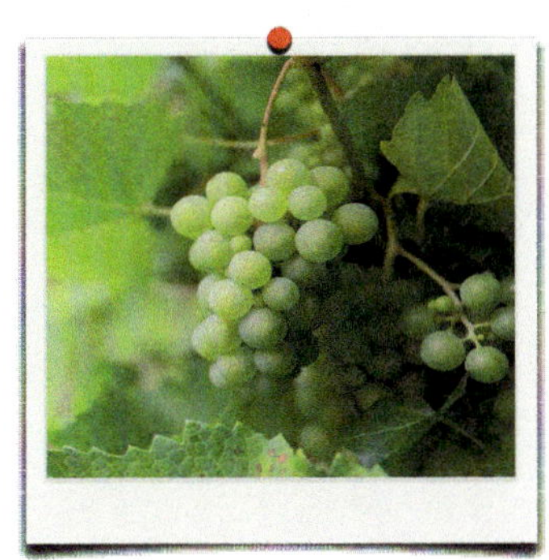

🗨 신과 더불어 교제하는 사람들

초대 교회가 사람들에게 이상하게 보이는 것은 신전과 제사가 없는 것뿐만이 아니었다. 그들은 같은 신을 섬긴다는 이유만으로 서로를 가족처럼 사랑하고 교제하는 성도들을 사람들은 이해하기 힘들었다. 어떤 종교도 그렇게 교제하는 사람들이 없었기 때문이다.

교회의 교제는 단순히 [113]호의적이고 친절한 태도가 아니다. 교제로 번역된 '코이노니아 κοινωνία'는 '[114]공유하다' '다른 사람과 나누다'란 뜻이지만, 때론 문맥에 따라 나눔, 교제, 사귐, [115]교통, [116]연보 등으로도 번역되었다.

---

113) 호의(好 좋을 호. 意 뜻 의)-친절한 마음씨. 또는 좋게 생각하여 주는 마음
114) 공유(共 함께 할 공. 有 있을 유)- 사람 이상이 한 물건을 공동으로 소유하거나 이용함
115) 교통(交 사귈 교. 通 통할 통)-서로 오고 감. 또는 소식이나 정보를 주고받음
116) 연보(捐 버릴 연. 補 기울 보)-자기의 재물을 내어 다른 사람을 도와줌.
　　[참고: 기울다-떨어지거나 해어진 곳을 꿰매다]

당시는 인구의 90%가 세 끼를 먹기 힘든 절대 117)빈곤
층이었다. 같은 신을 섬긴다는 이유만으로 자기의 118)소유까
지 나누며 가족처럼 사랑하고 섬기는 모습은 119)파격적이고
충격적인 모습이었다.

사도 요한은 교회가 복음을 전하는 이유를 하나님과 더
불어 교제(코이노니아 κοινωνία)하는 공동체를 이루기 위함이
라고 했다. 교제는 친교와 다르다. 하나님과 함께하는 사귐
(코이노니아 κοινωνία)이 120)핵심이다.

물고기는 물속에서 먹고, 자고, 알을 낳는다. 물고기가 그
렇게 사는 것은 121)본성이 그렇기 때문이다. 교제는 삼위일체
하나님의 본성이다. 하나님은 교제 속에서 일하신다. 교제 속
에서 신령한 은혜를 펼치며 성도를 자라게 하신다. 교제는 신
앙의 본질이며 교제 없는 신앙은 존재할 수 없다.

성도의 교제는 중요한 만큼 사단의 122)방해와 123)장벽이

---

117) 빈곤(貧 가난할 빈, 困 괴로울 곤)-가난하여 살기가 어려움
118) 소유(所 바 소, 有 있을 유)-가지고 있음. 또는 그 물
119) 파격(破 깨뜨릴 파, 格 격식 격)-일정한 격식을 깨뜨림. 또는 그 격식
120) 핵심(核 씨 핵, 心 마음 심)- 사물의 가장 중심이 되는 부분.
121) 본성(本 밑 본, 性 성품 성)-1. 사람이 본디부터 가진 성질.
　　　　　　　　　　　2. 사물이나 현상에 본디부터 있는 고유한 특성
122) 방해(妨 방해할 방, 害 해칠 해)-남의 일을 간섭하고 막아 해를 끼침
123) 장벽(障 가로막을 장, 壁 벽 벽)-가리어 막은 벽

많다. 공동체보다 개인이 더 중요한 사회 분위기, 대학 입시, 맞벌이, 스마트폰, 코로나로 인한 124)영향 등 외부 요인뿐 아니라 교회 안에도 장벽은 가득하다. 교회 지도자들의 125)범죄와 126)비리, 말만 있고 실재가 없는 신앙, 겉으론 고상해도 욕심 많고 이기적인 모습, 이런저런 127)실망과 상처까지 장벽은 지뢰밭처럼 가득하다.

그럼에도 하나님은 교회를 사랑하신다. 예수님은 강도의 128)소굴이 된 예루살렘 성전을 여전히 하나님의 집이라고 했다. 문제투성이였던 고린도 교회를 바울은 하나님의 교회라 부른다. 129)미숙하고 부족함이 많아도 교회는 성령님이 함께하는 거룩한 공동체이다.

교제는 하나님 백성의 130)표징이다. 몸에서 잘려 나간 신체 조직이 131)생존할 수 없듯이, 성도는 그리스도의 몸 밖에서 생존할 수 없다. 그 어떤 이유도 교제를 멀리할 132)명분이 될 수는 없다. 벼룩 잡으려다 초가삼간 태운다는 말처럼 부담스럽다고 교제를 피해서는 안 된다. 하와는 홀로 있을 때 사단의 공격을 받았다. 교제가 없다면 성장은 고사하고 온갖 위험에 노출된다.

---

124) 영향(影 그림자 영. 響 울릴 향)-어떤 사물의 효과나 작용이 다른 것에 미치는 일.
125) 범죄(犯 범할 범. 罪 허물 죄)- 법규를 어기고 저지른 잘못.
126) 비리(非 아닐 비. 理 다스릴 리)-올바른 이치나 도리에서 어그러짐
127) 실망(失 잃을 실 望 바랄 망)-희망이나 명망을 잃음
128) 소굴(巢 새집 소. 窟 굴 굴)-나쁜 짓을 하는 무리가 활동의 본거지로 삼고 있는 곳
129) 미숙(未 아닐 미. 熟 익을 숙)-일 따위에 익숙하지 못하여 서투름.
130) 표징(標 우듬지 표. 徵 부를 징)-어떤 것과 다른 것을 드러내 보이는 뚜렷한 점
     [참고: 우듬지-나무 꼭대기 줄기]
131) 생존(生 살 생. 存 존재할 존)-살아 있음. 또는 살아남음
132) 명분(名 이름 명. 分 나눌 분)-1. 각각의 이름이나 신분에 따라 마땅히 지켜야 할 도리
     2. 일을 꾀할 때 내세우는 구실이나 이유 따위.

믿음은 하나님을 향한 133)열정만 가득하다고 성장하지 않는다. 말씀을 배우고 서로 소통하고, 교제할 때 성장한다. 하나님 사랑과 형제 사랑은 성장의 두 날개이다.

몬 1:6 [우리말성경] 그대가 믿음 안에서 교제하므로 우리 가운데 있는 모든 선한 것을 깨달아 그리스도께 이르게 되기를 바랍니다.

하브루타 활동 1 - 내용 이해 피드백

◆ 2~3개 질문을 선택하고 자기 의견을 발표하세요.

1. 처음 알게 된 내용이 있나요?
2. 알고 있었지만 새롭게 다가온 내용이 있나요?
3. 중요한 핵심은 무엇이라 생각하나요?
4. 공부하며 생각난 이야기 또는 질문이 있나요?

리액션 하기

의견을 들은 후에는 자기 생각과 비슷한 동작으로 리액션하고, 그 이유를 짧게 설명하세요. [복수 선택 가능]

핵심을 정확히 설명했을 때	핵심만 간단히 설명하길 바랄 때
내 의견과 비슷하다고 생각할 때	미처 생각하지 못한 것을 설명했을 때
설명이 나에게 도움이 되었을 때	설명을 듣다가 이해한 것이 생겼을 때
듣다 보니 질문이 생길 때	발표 태도가 이전보다 개선됐을 때

---

133) 열정(熱 더울 열. 情 뜻 정)-어떤 일에 열렬한 애정을 가지고 열중하는 마음

◆ 짝과 함께 사진과 단어를 각각 두 개 이상 선택하고 '성도의 교제'를
  소극적으로 만드는 이유를 설명하세요.

부담스럽다, 부끄럽다, 두렵다, ? ,판단하다, 불편하다,
답답하다, 불안하다, 마음이 끌린다, 귀찮다, 개인주의

◆ 성경적 개념 정리하기 - 짝과 함께 문장을 완성하세요.

* 코이노니아가 신앙의 본질인 이유는

　　　　　　　　　　　　　　　　　　이다.

※ 단어의 정확한 뜻을 확인하고 천천히 읽으세요 ※

사랑도 훈련해야 한다.

세 겹줄 같은 믿음의 교제가(전 4:12) 얼마나 우리를 강하게 만들 수 있는지 생각해 보았는가? 그런 복은 저절로 생기지 않는다. "만남의 복" 하면 좋은 사람 만난 것을 생각하지만, 그들도 나를 그렇게 생각할지 생각해 봐야 한다.

만남의 복은 단지 나에게 좋은 사람 알게 된 것이 아니다. 나 또한 세 겹줄의 한 사람이 되어야 한다. 그런 복은 하나님 손에 달려있다. 그런 복을 원한다면 먼저 관심받고 사랑받고 싶은 어린아이 같은 마음부터 버려야 한다.

성경 어디에도 나를 섬겨주고 사랑해 줄 사람을 찾으라는 말은 없다. 오히려 이웃을 사랑하고 섬기라고 한다(고전 10:24). 이런 말이 부담스럽다면 아직 사랑을 잘 모르는 것이다. 어떻게 그렇게 살 수 있느냐? 나는 어디서 사랑받냐고 [134]질문하겠지만 참사랑을 안다면 질문이 잘못됐다는 것을 알게 된다.

사랑은 베풀수록 풍성해지고, 받기만 하면 오히려 [135]가난해진다. 또 서로 사랑하는 공동체는 성령이 [136]운행하신다. 어느새 성령 안에 '충만'이 나에게 스며들어 채워진다. 그렇게 되면 사랑할 수 있음에 감사하고 섬길 수 있음에 감사하게 된다. 사랑해 줄 사람을 찾아 더는 [137]배회하지 않는다.

교회는 그리스도를 따라 서로 사랑하고 섬기는 공동체이다. 위로와 혜택을 받아 누리기 위해 모이는 것이 아니다. 내 것을 내어주지만, 오히려 많은 것을 누리고, 낮아지지만 높아지는 [138]역설적 은혜가 있는 공동체이다.

다른 사람이 보이지 않고, 아직도 나에게만 관심이 있다면 아무리 기도하고 성경 지식을 쌓아도 성장하기 힘들다. 여전히 미숙한 믿음으로 살게 된다. 사랑할 줄 모르는 사람은 사단의 [139]공격 대상이 된다. 열정이 있어도 성장하지 않고 자주 어린아이처럼 넘어진다.

---

134) 질문(質바탕 질. 問 물을 문)-알고자 하는 바를 얻기 위해 물음
135) 가난(家 집 가. 難 어려울 난)-살림살이가 넉넉하지 못함. 또는 그런 상태
136) 운행(運 돌 운. 行 갈 행)- 정하여진 길을 따라 차량 따위를 운전하여 다님
137) 배회(徘 노닐 배. 徊 노닐 회)- 목적 없이 어떤 곳을 중심으로 어슬렁거리며 이리저리 돌아다님
138) 역설(逆 거스를 역. 說 말씀 설)- 어떤 주의나 주장에 반대되는 이론이나 말
139) 공격(攻 칠 공. 擊 부딪칠 격)-나아가 적을 침

사랑은 단순히 끌리는 감정이 아니다. 고전 13장은 오래 참고, 140)무례하지 않으며 자기의 유익을 구하지 않는 등 훈련된 인격이라고 말한다. 초대 교회는 예수의 가르침에 따라 141)노예와 여자에게도 무례하지 않았다. 서로를 가족처럼 섬기는 모습은 세상 사람이 예수를 받아들이게 한 강력한 이유였다.

교회는 초신자는 물론이고 모두가 예수의 인격을 닮도록 사랑하고 섬기며 142)훈련하는 공동체여야 한다. 사랑받기보다 사랑할 수 있음에 감사하는 가정과 교회는 요새 같이 143)견고하다. 교회는 사랑하고 섬기는 훈련의 장이어야 한다.

끝으로 교제가 중요하지만, 자신이 크리스천이라고 말하면서 불신자같이 행동하는 사람은 교제의 대상이 될 수 없다. 144)세속적인 사람과는 말도 섞지 말라는 말이 아니다. 여전히 145)음행과 146)탐욕, 우상숭배를 버리지 못한 사람이라면 마음을 나눌 교제의 대상이 아니다. 변화를 위해 기도하고 권면해야 할 대상이다(고전 5:11).

---

140) 무례(無 없을 무. 禮 예도 례)-태도나 말에 예의가 없음
141) 노예(奴 종 노. 隸 종 예)- 남의 소유물로 되어 부림을 당하는 사람
142) 훈련(訓 가르칠 훈. 練 익힐 련)-가르쳐서 익히게 함 [참고; 가르침 없이 하는 것은 연습]
143) 견고(堅 굳을 견. 固 굳을 고)- 굳고 단단함
144) 세속(世 세상 세. 俗 풍속 속)-세상의 일반적인 풍속
145) 음행(淫 음란할 음. 行 갈 행)-음란한 짓을 함. 또는 그런 행실
146) 탐욕(貪 탐할 탐. 慾 욕심 욕)- 지나치게 탐하는 욕심

◆ 2~3개 질문을 선택하고 자기 의견을 발표하세요.

1. 처음 알게 된 내용이 있나요?
2. 알고 있었지만 새롭게 다가온 내용이 있나요?
3. 중요한 핵심은 무엇이라 생각하나요?
4. 공부하며 생각난 이야기 또는 질문이 있나요?
5. 설명이 더 필요한 내용이 있나요?

하브루타 활동 II - 성경적 개념 알아보기

◆ 나의 카드에 대한 답을 말하기 전에 두 사람을 지목하고 의견을 들은 후 참고하여 자기 의견을 발표하세요.

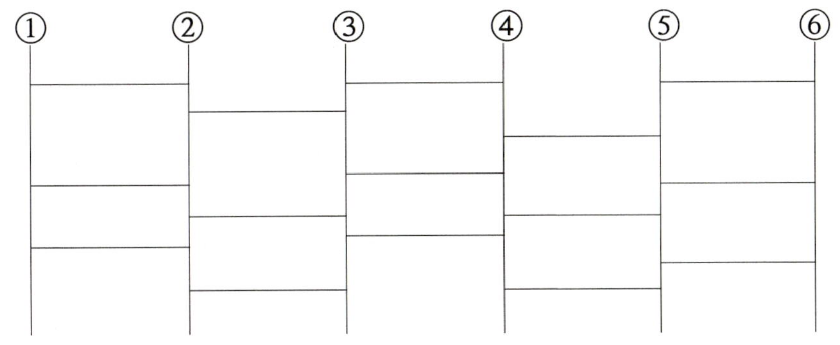

성도의 교재가
절대적으로 중요
한 이유는?

A

B

'교제'를 위해
내가 힘써야
할 일은?

C

잘못된 성도의
교제를 예를
들어서
설명하세요.

D

사랑하는
사람과 받으려는
사람 중 나는
어디에
가까웠나요?

E

F

좋아

리액션 하기
의견을 들은 후 자기 생각과 비슷한 동작으로 리액션하고, 그 이유를 짧게 설명하세요. [복수 선택 가능]

👍	핵심을 정확히 설명했을 때	🤟	핵심만 간단히 설명하길 바랄 때
👌ok	내 의견과 비슷하다고 생각할 때	헐~	미처 생각하지 못한 것을 설명했을 때
하이파이브	설명이 나에게 도움이 되었을 때	대박	설명을 듣다가 이해한 것이 생겼을 때
👆	듣다 보니 질문이 생길 때	박수	발표 태도가 이전보다 개선됐을 때

◆ **성경적 개념 정의하기** – 문장을 완성하세요.

* 성경이 말하는 사랑은

이다.

요약하고 기도하기

💬 하브루타 활동 I – 말씀 다시 보기

◆ 짝과(2~3명) 함께 ❶, ❷의 의미를 의논 후 설명하세요.

빌립보서 2장 3~4절 [우리말성경]
³무엇을 하든지 이기심이나 허영으로 하지 말고 서로 겸손한 마음으로 다른 사람들을 자기보다 낫게 여기십시오. ⁴여러분은 각자 자기 자신의 일을 돌아볼 뿐더러 ❶ **다른 사람의 일도** 돌아보십시오.

요한일서 1장 3절 [우리말성경]
우리가 보고 들은 것을 여러분에게도 전파합니다. 이는 여러분과 우리가 서로 사귐이 있게 하려는 것입니다. 우리의 사귐은 아버지와 그의 아들 예수 그리스도와 함께하는 ❷ **사귐**입니다.

❶ 다른 사람의 일을 돌아본다는 의미

❷ 사귐의 의미

📝 하브루타 활동 II – 제5과 요약하기

◆ 2~3명이 짝이 되어 성경적 교제의 정의와 성경적 교제를 위해 무엇이 필요한지 설명되도록 정의하세요.

성도의 교제가 친교와 다른 점은 ＿＿＿＿＿＿＿＿＿＿＿＿

＿＿＿＿＿＿＿＿＿＿＿＿＿＿＿＿＿＿ 이다.

교회의 교제가 신앙 성장에 도움이 되지 못하는 이유는

＿＿＿＿＿＿＿＿＿＿＿＿＿＿＿＿＿ 때문이며

교제의 복을 원한다면 ＿＿＿＿＿＿＿＿＿＿＿＿＿

＿＿＿＿＿＿＿＿＿＿＿＿＿＿＿＿＿ 한 다 .

회개 자신을 돌아보고 앞으로 하지 말아야 할 일들을 나누세요.

1) 성도의 교제를 가볍게 여겼던 나의 모습은?

____

2) 사랑하고 섬기지 않으면서 바라기만 하던 나의 모습은?

____

3) 기타 ____

간구 내 힘으로 할 수 없기에 하나님의 도움이 필요한 일을 나누세요.

1) 성도의 교제를 통해 은혜의 풍성함을 누리게 하소서!
2) 대면하기 힘든 사람도 사랑의 훈련 대상이 되게 하소서!
3) 기타 ____

나의 결단 각오나 다짐이 아닌 확인 가능한 실천을 나누세요.

____

____

#. 나눔 후, 스마트폰 등을 사용하여 찬양과 함께
서로 손을 맞잡고 큰 소리로 기도하세요.

하브루타 도서 및 성경 공부 공과

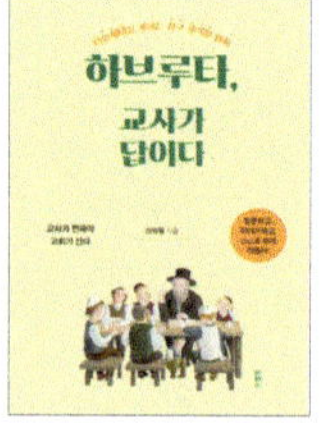 두란노 출판

성경 하브루타를 처음 하는 분을 위한 워크북

통합세대용 복음 하브루타 공과

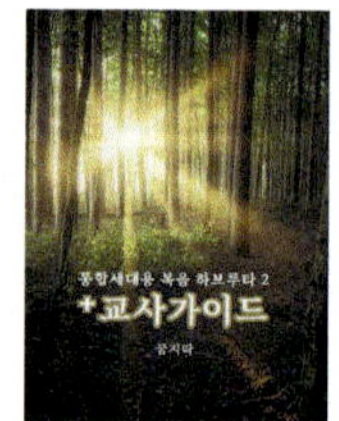

어린이를 위한 복음 하브루타 공과

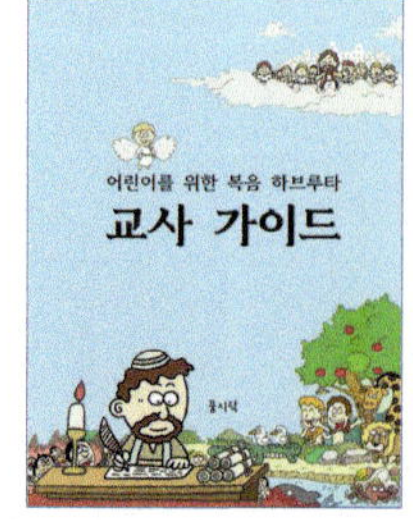